U0691172

# 书院制视角下地方高校大学生实践育人体系的研究与实践

徐一刚　著

中国原子能出版社

**图书在版编目（CIP）数据**

书院制视角下地方高校大学生实践育人体系的研究与
实践 / 徐一刚著. --北京：中国原子能出版社，2024.
6. -- ISBN 978-7-5221-3444-4

Ⅰ. G641

中国国家版本馆 CIP 数据核字第 20246B1R01 号

书院制视角下地方高校大学生实践育人体系的研究与实践

| | |
|---|---|
| **出版发行** | 中国原子能出版社（北京市海淀区阜成路 43 号　100048） |
| **责任编辑** | 刘　佳 |
| **责任校对** | 冯莲凤 |
| **责任印制** | 赵　明 |
| **印　　刷** | 北京九州迅驰传媒文化有限公司 |
| **经　　销** | 全国新华书店 |
| **开　　本** | 710 mm×1000 mm　1/16 |
| **印　　张** | 8.75 |
| **字　　数** | 134 千字 |
| **版　　次** | 2025 年 1 月第 1 版　2025 年 1 月第 1 次印刷 |
| **书　　号** | ISBN 978-7-5221-3444-4　　　　定　价　60.00 元 |

版权所有　侵权必究

# 前　言

随着世界教育的快速发展，书院教育模式重新登上历史舞台，而且有了广阔的发展空间。当前国内高校实行的书院制，也称中国现代大学书院制，是在借鉴西方高校生活学院、住宿学院制的组织设置和教育管理经验，融入了中国古代传统书院制度的精神和理念后，形成的一种新型学生教育管理模式。

传统书院为学生提供独具自身学术特色的文化空间，师生在书院共同学习、生活。书院教育组织形式一般包括教师讲学授徒、学生自学研读、师生共同聚书研修和师生质疑问难四大类。对当代高等教育而言，不仅书院的形式值得借鉴，书院教育在内涵建设上主张开放讲学、推崇自由论学、重视人文教化，这些亦是高等教育守正创新所需汲取的。

本书对书院制的教育模式及特征作了简单的介绍，阐述了书院制视角下地方高校大学生教育管理现状，对书院制视角下地方高校大学生实践育人体系展开研究，并从书院制视角下地方高校大学生创新创业实践、书院制视角下地方高校大学生红色之旅实践、书院制视角下地方高校大学生特色党建实践和书院制视角下地方高校大学生创新工作方法四个方面对书院制视角下大学生实践育人的路径、方法进行探索，结合笔者的工作案例分析，对书院育人质量保障与评价机制建立进行了阐述。本书兼具理论与实际应用价值，可供广大从事大学生思想政治教育和高校管理相关工作者参考和借鉴。

本书在写作过程中曾参阅了相关文献、资料，也得到了同事和亲朋的大力支持，在此一并表示感谢。由于笔者水平有限，对相关理论的研究和理解还有待进一步深入，因此，难免存在一些问题和缺陷，恳请读者提出意见和建议，以便进一步改进。

本书为 2023 年度湖北省教育厅哲学社会科学研究专项任务项目（高校学生工作品牌）"'大思政'背景下浸润式红色实践育人体系的探索与研究"项目研究成果。

# 目　录

# 第1章　书院制的教育模式及特征

## 1.1　中国古代书院制度起源及发展

书院之名始于唐代，分官设书院和私立书院两类，前者主要是为了修书立传传于世，后者主要是为文人士子提供治学之地。自唐代"安史之乱"后，国家由强向衰，民生凋敝，文教事业也因此受到严重冲击，于是一些鸿儒雅士择清幽之地聚徒讲学治学，古代书院制度初见雏形。但真正具有聚徒讲学性质的书院至五代末期才基本形成，到北宋初年才发展成为较完备的书院制度，成为中国传统教育制度。

宋代初期国家重归统一，社会生产逐渐好转，人民生活相对稳定，由于特定的政治背景，官学未得到充分的重视，但人才的选拔主要还是通过科举制度。在此背景下书院得到了极大的发展，此时的书院以官私联营的模式出现，如宋初的六大书院：石鼓书院、应天府书院、岳麓书院、白鹿洞书院、嵩阳书院、茅山书院，并确立了书院作为一种重要的教育组织形式的地位。到南宋时期，由于朱熹等名人大家力推书院复办和当时理学作为社会主流学派，书院又日渐昌盛兴办开来。宋代书院普遍订立了比较完备的条规，这是书院制度化的重要标志，其中朱熹亲自拟订的《白鹿洞书院教条》（见图 1-1 所示），成为书院学规的典范。

到了元代，统治者为缓解民族矛盾，笼络汉族士子之心，虽保留了书院，但政府对书院保持了极为审慎的理性克制态度，从书院责任人的选派到运行经费的拨付均由政府安排，对书院的招生、考试，学生毕业后的出路等方面政府加强了控制，这些措施逐渐使书院失去了其自由讲学的特质，失去了学术特色，书院逐步发展为官学模式，最后沦为科举制度的附庸。

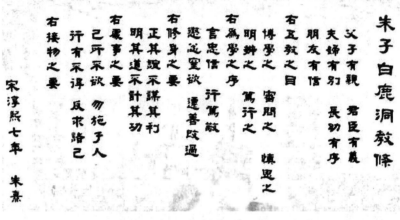

图 1-1　朱熹《白鹿洞书院揭示》

明代书院的发展经历了"沉寂—勃兴—禁毁的曲折道路"。明初因政府重视发展官学，提倡科举取士，使官学兴极一时，书院备受冷落，近百年不兴。明中叶以后，因官学空疏，科举腐化，书院教育由此复苏，嘉靖以后，发展到极盛。由于书院研究学术特质的复归，书院讲学的政治色彩越来越浓，"讽议朝政、裁量人物"，统治者深感"摇撼朝廷"，明代后期发生了"四毁书院"事件。嘉靖十六年（1537 年）、十七年（1538 年）两次禁毁书院实为掌权者对同僚在政治上和学术上进行压制。但书院在当时的影响很大，声望很高，很难禁毁。《野获编》上说："虽世宗力禁，而终不能止"。不仅如此，官方越禁，民间越办，所以明代书院，不仅以嘉靖年间为最多，而且相当一部分是嘉靖十六年、十七年之后兴办的。明代第三次禁毁书院是在万历七年（1579 年）张居正执政时。张居正禁毁书院的真正原因是害怕书院讲学"徒侣众盛，异趋为事""摇撼朝廷，爽乱名实"。张居正禁毁书院比嘉靖年间禁毁书院的规模更大，措施也更加严厉。然而，书院讲学制度已深入人心，所以虽禁犹存。当时确曾被毁的书院有成都大益书院等 16 所，有些书院是名毁实存，仍以各种方式保存下来。所以万历年间虽有张居正禁毁天下书院之举，但万历年间的书院数目并未明显减少，在整个明代仅次于嘉靖年间。而且名毁实存的书院多在江西。江西自南宋经元至明都是书院最盛的地区，虽在禁令，仍设法坚持复办，足见当时书院讲学影响之深。明代第四次禁毁书院是天启五年（1625 年）魏忠贤禁毁东林书院进而殃及其他书院。张居正禁毁书院，除了痛恨书院的浮夸风气，同时还想统一教育机构，是有一定的政治见解的，只是方式方法不得当。魏忠贤的禁毁书院，完全出于对东林学派主张"除民贼"，直斥阉党集团的报复。天启六年五月初，整个东林书院被强行全部拆毁。明代当权者先后 4 次禁毁书院，严重地戕害了学术思想的发展，尤其是"洞学科举"的创设，使书院、官学、科举逐渐融为一体。

清代书院官学化倾向达到极致，清代书院学习的主要内容是八股文，目的是参加科举考试，获取功名，完全丧失了书院原有的教学风格与学术研究的性质，其独立性和自主性已所剩无几。

在鸦片战争后的洋务运动中，洋务学堂（大致分为三类：方言学堂、技术学堂、军事学堂，如图 1-2 福州船政学堂所示）如雨后春笋般兴起，改革旧式书院就成为大势所趋。在此情形下，清政府终于采纳了张之洞、刘坤一的建议，于光绪二十七年（1901 年）下诏将各省城书院改为大学堂，各府书院改为中学堂，各州县书院改为小学堂，并多设蒙养学堂。至此书院制度走完了近千年的曲折历程之后，最终汇入了近代学校教育的洪流之中。

书院作为中国教育史上与官学平行交叉发展的一种教育制度，它萌芽于唐末，鼎盛于宋元，普及于明清，改制于清末，是集教育、学术、藏书为一体的文化教育机构。它在系统地综合和改造传统的官学和私学的基础上，建构了一种不是官学，但有官学成分，不是私学但又吸收私学长处的新的教育制度，它是官学和私学相结合的产物。自书院出现以后，我国古代教育便发生了一个很大变化，即出现了官学、私学和书院相平行发展的格局，三者成鼎立之势。直到清朝末年，它们之间具有排斥，但更多的是互相渗透与融合，促进了我国古代文化教育的发展和繁荣。书院在中国大地上存在了一千余年，成为中国文化史和教育史上引人注目的一大奇观。

图 1-2　福州船政学堂

对于书院这种教育制度的肯定，毛泽东主席曾在《湖南自修大学创立宣言》中总结："一来，师生的感情甚笃；二来，没有教授管理，但为精神往来，自由研究；三来，课程简而研讨周，可以优游暇豫，玩索有得。"他认为从"研究的形式"说，"书院比学校实在优胜很多"。胡适认为："书院之废，实在是吾中国一大不幸事。一千年来学者自动的研究精神，将不复现于今日了。"钱穆先生说："我们的大学教育是有其传统的，不能随便抄袭别人家的制度。中国最好的制度，最好莫过于书院制度。"由此可见传统书院教育模式的没落是中国教育的一大损失。

# 1.2　传统书院精神

中国传统书院主要以"四书""五经"等各类经典为教学内容，"教之以穷理、正心、修己、治人之道";以修身、齐家、治国、平天下为道德和政治理想,以"循序渐进、熟读精思、虚心涵泳、切记体察、着紧用力、居敬持志"为主要学习方式。在我国千余年书院发展史中,书院的办学理念和办学实践逐渐凝练为传统书院精神。这种传统书院精神集中表现为以下五个方面。

一是教育的理念和宗旨围绕怎样做人、成为怎样的人而展开。坚持德育首位,将知识教育和德行教育相结合。注重道德修养、尊师重道,师生"以道相交,合志同方",共同探讨和体验道德生活。

二是关心国家和社会,体现家国情怀。所谓"风声雨声读书声声声入耳,家事国事天下事事事关心",读书人将所学之道德和义理用于分析时务,体现了士人的家国情怀。

三是读书并非完全功利性。古代书院的所在地环境、书院的建筑结构、内部的园林布局等与传统的义理之学具有同构作用,为师生提供了静心求学、不问名利、不求功名的环境。尤其是宋代书院提倡高风气节,不为功名利禄折腰,推崇修己至诚之道。

四是注重导师的精神引领作用。许多著名书院的主持人如王阳明、朱熹、陆九渊等都是当时的大学问家和思想家,他们在书院中扮演着学术模范和精神导师的角色。

五是紧密的师生关系。书院集教化功能、研究功能和生活功能于一体,既是师生共同的文化教育场所,又是师生共同的生活场所。师生朝夕相处,相互切磋学问,甚至师生同游,增强了师生交往,密切了师生关系。

## 1.3 当代大学书院的内涵

新中国成立以来,我国各行各业的书院教育模式重新登上历史舞台,而且有了崭新的发展。当前国内高校实行的书院制,也称中国现代大学书院制，是在借鉴西方高校生活学院、住宿学院制的组织设置和教育管理经验，融入了中国古代传统书院制度的精神和理念后，形成的一种新型学生教育管理模式。

传统书院为学生提供独具自身学术特色的文化空间，师生在书院共同学习、生活。书院教育组织形式一般包括教师讲学授徒、学生自学研读、师生共同聚书研修和师生质疑问难四大类。对当代高等教育而言，不仅书院的形式值得借鉴，书院教育在内涵建设上主张开放讲学、推崇自由论学、重视人文教化，这些亦是高等教育守正创新所需汲取的。

当代书院制是改进人才培养模式、提高人才培养质量的重要举措，也是学校内部管理的重大改革，国内高校陆续成立了不同类型的书院，通过校园文化活动提高书院的教育文化影响力，从而解决因专业教育而导致通识教育弱化的问题。就目前各高校书院设置情况而言，书院并非独立的功能性组织机构，书院多是基于学生生活社区的分布，依托学生宿舍而设置，主要负责二级学院教学之外的教育、管理、组织、服务等工作，通过发挥书院文化的教育影响力，承担起学生生活社区文化建设和促进学生全面发展的工作，所以，书院旨在学生日常生活中发挥文化的潜移默化的渗透、濡染功能。书院的主要目标是提高学生的综合素质能力和社会适应性，通过加强通识教育配合专业教学开展学术及文化活动，鼓励不同专业、不同背景、不同特长的学生互相学习交流。书院通过平台建设、校园文化、实践活动，丰富高校教育文化资源，弥补学科专业教育的不足，实现高校全方位育人的教育影响，实现学生文理兼修、融会贯通，促进学生全面、个性化发展，社会能力和综合素质的提升。

# 1.4　书院制建设的发展目标

（1）提升教育质量：书院建设的首要目标是提升教育质量。通过提供高水平的师资力量、优质的教学设施和丰富多彩的教育资源，书院可以为学生提供更为深入和全面的知识体系，提高他们的综合素质和竞争力。

（2）培养全面发展的人才：书院建设的目标也包括培养全面发展的人才。除了提供优质的学术课程，书院还应该注重学生的素质教育，包括道德、文化、体育等方面的培养，为学生的未来发展打下更为坚实的基础。

（3）推进学术研究：书院建设还应该致力于推进学术研究。通过组建研究团队、引进优秀研究人员和建设研究平台等措施，书院可以推动学术研究的深入发展，为社会提供更多的学术成果和创新成果。

（4）建设国际化平台：书院建设还应该注重建设国际化平台。通过与国内外著名大学和研究机构建立联系，加强国际学术交流和合作，书院可以提升自身的学术水平和国际影响力，为国家的学术发展和国际学术合作作出更多的贡献。

（5）发挥社会作用：书院建设还应该发挥社会作用。通过与地方政府、企业和社会组织建立联系，书院可以为地方经济和社会发展提供智力支持和人才储备，同时也可以为社会提供更为优质的教育资源和服务。

# 第2章 书院制视角下地方高校大学生教育管理现状

## 2.1 高校书院制的政策导向

我国高校书院制的政策导向随着书院制在全国范围内探索的不断深入而取得一定成效，书院制从部分高校的探索尝试，进入到了国家教育行政部门统筹全国高等教育改革发展的政策导向中，为书院制发展带来了强劲的政策红利。

### 2.1.1 国家政策导向

体制机制改革层面。2017年9月，中共中央办公厅和国务院办公厅发布的《关于深化教育体制机制改革的意见》中明确提出，要探索建立书院制、住宿学院制等有利于师生开展交流研讨的学习生活平台，这是书院制首次进入国家教育改革政策文件。

拔尖人才培养层面。2018年9月，教育部等六部门发布《关于实施基础学科拔尖学生培养计划2.0的意见》指出，要深入探索"书院制"模式，建设学习生活社区，注重环境浸润熏陶，加强师生心灵沟通，促进拔尖学生的价值塑造和人格养成。2021年3月，教育部办公厅发布《关于2021年度基础学科拔尖学生培养基地建设工作的通知》再次强调，"深入探索书院制、导师制、学分制三制交叉融通的创新育人模式""探索中西贯通的代书制，注重、熏、养成、感染、培育"。

学生管理服务层面。2019 年 10 月，教育部发布的《关于深化本科教育教学改革全面提高人才培养质量的意见》提出，要积极推动高校建立书院制学生管理模式，开展一站式学生社区综合管理模式建设试点工作，再次释放了在高校本科人才培养中进一步推进书院制的明确信号。着眼于思想政治工作。2020 年 4 月，教育部等八部门发布的《关于加快构建高校思想政治工作体系的意见》提出，要推动"一站式"学生社区建设，依托书院、宿舍等学生生活空间，探索学生组织形式、管理模式、服务机制改革，将园区打造成为集学生思想政治教育、学习交流、文化活动、生活服务于一体的教育生活园地。

## 2.1.2　地方政府政策导向

根据国家政策导向，各地政府也制定了相应的书院制建设方案，加快推进高校书院制落地、落实、落细。如 2021 年 11 月，中共河南省委高校工委、河南省教育厅发布《河南省高等学校书院制育人模式改革实施指南（试行）》，要求河南省各本科高等学校积极稳妥推进高校书院制育人模式改革。截至 2022 年 12 月，河南省已有 39 所本科高校开展了书院制育人模式改革的试点工作，已建成书院 73 个。还有山东省教育厅，发布了《山东省教育厅关于举办 2022 年高校"公寓的故事"主题系列活动的通知》，通知指出，以"公寓的故事"主题系列活动为切入点，深化高校"一站式"学生社区综合管理模式改革。以社会主义核心价值观为引领，深入实施全环境立德树人意见，引导高校将学生公寓打造成学生党建前沿阵地、"三全育人"实践园地、平安校园样板高地，落实立德树人根本任务，培养有理想、有本领、有担当的社会主义建设者和接班人，推进高等教育高质量发展。地方政府的具体政策直接或间接推动了高校书院制建设，书院制建设及其相近模式如：高校"一站式"学生社区综合管理模式，构筑学生党建前沿阵地，打造智慧服务创新基地，拓宽学生教育管理阵地，争创平安校园样板高地。

## 2.2　现代高校书院制建设现状

自香港中文大学第一所高校实行书院制起，据不完全统计，至今我国已有上百所高校在全校或部分学院实行书院制。西安交通大学作为国内率先实践书院制的高校之一，于 2005 年开辟了书院建设的试验田——文治苑，集中了 710 名电气工程专业的大一新生；2006 年，建立了以 3 405 名本科新生为主体的彭康书院；2007 年，建立了文治书院和宗濂书院；2008 年，将 17 000 余名本科生整体纳入书院管理，并在当年增设了仲英书院、南洋书院、崇实书院、励志书院和启德书院；2016 年，成立钱学森书院，专注于拔尖人才培养。至今，西安交通大学已走过了一段勇于探索、逐步完善的发展历程，形成了 9 大书院与 27 个学院（部、中心）并存的本科生"书院—学院"双院制育人模式。

再如复旦大学，目前有 5 个四年制住宿书院，分别以老校长的名或字命名。志德书院，纪念复旦创始人马相伯（原名志德）先生，院服、院旗以绿色为标志性颜色；腾飞书院，纪念老校长李登辉（字腾飞）先生，以红色为标志色；克卿书院，纪念上海医学院创办者颜福庆（字克卿）先生，以蓝色为标志色；任重书院，纪念校长陈望道（字任重）先生，以橙色为标志色；希德书院，纪念复旦历史上的首位女校长谢希德先生，以紫色为标志色。书院按学校的住宿区域划分，物理空间相对独立，包括一个区域内的公寓和公共空间。书院内的住宿安排，基本按学科交叉和大类融合的原则。各书院院长由学校聘请资深教授担任，学校充分尊重院长对书院的领导，尊重学生在书院管理和生活中的自主权，培养学生的自我管理能力。

由此看来，我国大学"书院制"的共同特征主要集中在以下几点，如图 2-1 所示。

（1）混合住宿制——将不同专业、不同年级的学生集中在书院居住、生活和管理，可以使学生接触到更多信息、开阔眼界，完成向大学学习生活方式的转变，积累更宽阔、多层次的人脉。

（2）全程导师制——研究生学长学姐担任助理导师、辅导员担任成长导师、各学院委派的资深学者担任学业导师。分众化、个性化的无障碍交流促进学生扎实学业发展，明晰职业路径，寻找心之所向。

（3）加强通识教育——书院大力推进科技与人文有机结合的通识教育，培养学生全面发展。

（4）学院书院分工明确——学院负责学生的专业学习与学术发展（第一课堂）；书院负责第一课堂之外的学习生活与养成教育（第二课堂）。

（5）学生具有双重身份——既是各自专业院系的学生，也是书院生活的院生。

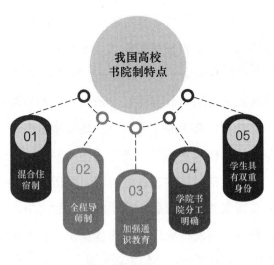

图 2-1　我国大学"书院制"的特点

在遵循现代大学办学规律和人才培养规律的基础上结合中国传统书院精神，可以得到以下启示进行创造性转化和创新性发展，如图 2-2 所示。

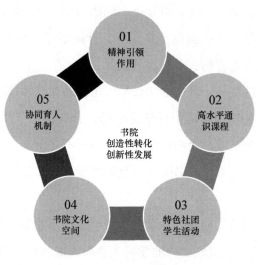

图 2-2　书院发展框架

一是书院院长和导师的精神引领作用。书院院长和导师是现代大学书院的灵魂。书院的建设和发展与书院院长之间有着密切的关系，院长对书院教育理念的认识直接影响到书院的品牌和特色。要遴选有理想、有思想、有热情、有学养的优秀教师担任书院院长，激励书院导师倾力投入书院工作，使书院院长和导师成为学生思想和道德发展的引路人。

二是发展更高水平的通识教育课程。通识教育课程是现代大学书院制的重要组成部分，是文化育人的重要载体。要根据思想道德建设要求和学生的实际需要，科学设计和实施通识教育课程。要结合中国特色社会主义新时代的背景，不断更新通识教育课程内容，将历史唯物主义、中国共产党领导的社会主义国家发展历程融入通识教育课程之中。建立开放、多样化的通识教育课程体系，发挥通识教育课程在文化育人和增强师生互动交流方面的重要作用，通过更高水平的通识教育，使学生树立正确的历史观、民族观、国家观、文化观。

三是特色社团组建和学生特色活动的开展。学生社团和社团活动是增进学生之间文化互动和交流的有效方式，是现代大学书院文化活动的主体。要加大书院社团的培养和建设力度，引导学生组建精干的社团，培育一些能长期发展的学生社团或团队。要提高学生团队自主策划和组织书院文化活动的能力，丰富活动形式。要探索书院精品活动的长期发展机制，擦亮书院活动的文化品牌。让学生在书院社团和社团活动中砥砺家国情怀、锻炼领导能力、加强人文关怀。特别是要引导学生在书院和社团活动中感受中华民族伟大复兴的历程，积极参与中国特色社会主义建设伟大事业，将个人命运同民族与国家命运紧密联系在一起。

　　四是丰富大学书院的文化空间。现代大学书院不仅仅是物理意义上的生活空间，更是文化意义上的活动空间。高校在精心谋划书院物理空间布局的同时，还要以优质的文化社团、文化活动、文化素质教育塑造和提升学生的文化品位，树立正确的文化观念，增强学生对中国传统文化、中国革命文化和社会主义先进文化的认同。

　　五是完善书院文化空间与制度化教育空间的协同育人机制。要进一步明晰书院与专业学院的定位。书院与专业学院之间有交集，专业学院是一个纵向系统，书院是一个平面系统。从整体上看，专业学院侧重于专业教育，书院则侧重于文化素质教育。书院更多的是通过开展文化活动，以文化吸引和陶冶学生。书院的职能更多表现为服务书院学生，营造文化氛围，开展通识教育，使学生从中吸收文化养分。通过对书院与专业学院的合理准确定位，就能使之形成相互补充的协同合作关系。

　　总之，传承和发扬传统书院精神和教化功能，将现代大学书院建设成为集生活空间和文化空间于一体的复合空间，是现代大学书院发展的基本方向；实现传统书院精神的创造性转化和创新性发展是现代大学书院的必然使命。

　　国内部分实行书院制的高校名单见表 2-1。

表 2-1 国内部分实行书院制的高校名单

| 高校名称 | 书院名称 |
| --- | --- |
| **开设书院的双一流高校** | |
| 北京大学 | 元培学院 |
| 清华大学 | 苏世民书院、新雅书院、致理书院、日新书院、未央书院、探微书院、行健书院、求真书院 |
| 中国人民大学 | 明理书院、明德书院 |
| 北京航空航天大学 | 守锷书院、士谔书院、冯如书院、士嘉书院、致真书院、知行书院、传源书院 |
| 北京理工大学 | 精工书院、睿信书院、求是书院、明德书院、经管书院、知艺书院、特立书院、北京书院、令闻书院 |
| 北京师范大学 | 启功书院、乐育书院、知行书院、学而书院 |
| 南开大学 | 第一智慧书院、妙悟书院、穆旦书院、图灵书院、伯苓智慧书院、崇道书院、毅生书院、思源书院、摩尔书院、芝兰书院、香农书院 |
| 天津大学 | 瑞恒书院、北洋书院 |
| 大连理工大学 | 伯川书院、令希书院、长春书院、国栋书院 |
| 哈尔滨工业大学 | 丁香书院 |
| 复旦大学 | 复旦学院、志德书院、任重书院、腾飞书院、克卿书院、希德书院 |
| 上海交通大学 | 致远学院、远东书院 |
| 华东师范大学 | 孟宪承书院、经管书院、大夏书院、光华书院 |
| 南京大学 | 安邦书院、毓琇书院、开甲书院、秉文书院、知行书院、有训书院 |
| 东南大学 | 健雄书院、秉文书院 |
| 浙江大学 | 马一浮书院、中西书院、文澜书院 |
| 山东大学 | 一多书院、海岱书院、从文书院 |
| 中国海洋大学 | 行远书院 |
| 武汉大学 | 弘毅学堂 |
| 华南理工大学 | 峻德书院、铭诚书院 |
| 西安交通大学 | 彭康书院、文治书院、南洋书院、仲英书院、崇实书院、励志书院、启德书院、宗濂书院、钱学森书院 |
| 湖南大学 | 岳麓书院 |
| 郑州大学 | 嵩阳书院 |
| **其他部分开设书院的高校** | |
| 华东政法大学 | 文伯书院 |
| 江苏师范大学 | 敬文书院 |

续表

| 高校名称 | 书院名称 |
|---|---|
| 南方科技大学 | 致仁书院、树仁书院、致诚书院、树德书院、致新书院、树礼书院 |
| 南京审计大学 | 润园书院、泽园书院、澄园书院、沁园书院 |
| 深圳大学 | 正义书院 |
| 苏州大学 | 敬文书院、唐文治书院、紫卿书院 |
| 重庆邮电大学 | 鱼城书院、花果书院、爱莲书院、别都书院、廊桥书院、北山书院、南湖书院、汇江书院 |
| 汕头大学 | 至诚书院、知行书院、思源书院、弘毅书院、修远书院、敬一书院、明德书院、德馨书院、淑德书院 |
| 南方医科大学 | 知行书院、博雅书院、尚进书院、德风书院 |
| 上海科技大学 | 上道书院、大道书院、科道书院 |

## 2.3　书院制背景下地方高校大学生教育管理现状

当前，我国各地方高校大都采取校、院（系）两级学生管理。随着时代的变化和社会日新月异的发展，新时代学生需求的多元化管理，使原有学生管理体制的弊端不断呈现。比如，传统理念的束缚、传统管理机制的不科学、学务管理不够灵活等，这在如今的形势下如果没有得到及时的创新发展或许很难起到良好的效果。

（1）传统教育管理理念的束缚。联合国教科文组织国际 21 世纪委员会认为教育的使命是教学生懂得人类的多样性，同时还要教他们认识地球上的所有人之间具有相似性又是相互依存的。长期以来，地方高校深化教育的目标是以培养德智体美劳全面发展的人才为核心，深入推进素质教育。在教学方面，基本上坚持教师、教材、课堂三类中心，采用统一的计划、统一的大纲、统一的考试方法和统一的标准培养学生。用此理念来指导人才培养的实践，必然存在着不科学、不合理之处，在一定程度上导致了人才的培养处于一种"流水线化"的状态，忽视了学生的个性发展，缺乏对学生创新意识和创新能力的培养。这主要表现在以下三个方面：一是忽视了学生的主体差异性，过于强调教学过程中教师的主导作用；二是传统师徒思想观念固化，缺乏主动为学生服务的心理，只是要求学生服从和接受；没有树立管理就是服务的科学理念，没有更多地深入学生群体实地调研，从学生内心需求的角度出发去主动地全面地为学生服务；三是忽视校园文化的环境育人作用，强调教学的中心位置，没有从"人的全面发展"的角度出发，忽视最大程度发挥学生特长、培养学生个性的校园文化活动，未真正贯彻实施素质教育。在学生日常管理方面，地方高校始终把求稳、安全作为底线思维，追求教育管理中学生思想引导，到头说来这只是更加强化了管理，而为学生做好服务往往流于形式，对学生学习、生活、感情、就业等方面缺乏真正的帮助和引导，在一定层面上阻碍了学生的个性发展。随着社会信息化的发展和高校扩招浪潮，高校生源也发生了本质的变化：学生来源多样化，学生物质、文化需求多样化，学生的价值观也呈现出多元化的趋势，学生的教育管理理念也急需进一步优化。

（2）传统管理机制的不科学。现阶段我国地方高校教育管理机制大部分采用行政管理模式，单纯地对学生进行行政管理，而当前学生管理队伍多为高校辅导员组成，辅导员岗位流动性强，大多地方高校存在辅导员人数不足的境地。再者辅导员工作任务量大，事务烦琐，"上面千条线，下面一根针"也很好地形容了这个岗位本身的特点。繁复事务性工作导致管理人员很难在有限的时间和精力内对每一位学生进行细致入微的关心及仔细地做通做顺思想政治工作，导致地方高校教育管理缺乏良好的互动机制，这使得管理方式常常形成"一刀切"的局面，学生的个性化发展很难被关注到。而高校学生多数是成年人，思辨能力较强，多有自己比较成熟的对事物的看法。长期在传统管理模式下培养出来的学生，其思维单一，缺少发散性思维。其次，在对教师的管理制度方面，存在着对教学内容、教学方法及教学效果的考核和评估体系不健全的问题，盲目引进少数重点院校模式与机械执行教育部的相关规定，在职称评比与福利待遇方面片面化、格式化，由此而造成在用人制度上的不合理，挫伤了教师与员工在教学、科研上的积极性。

（3）缺乏灵活性的学务管理。在教学方面存在教材陈旧，与现实社会运用技术不匹配，教学内容过于模式化等问题。教学方法以灌输传授为主，对学生的启发、自主讨论较少；学业中的理论课程多，动手实践环节少，缺乏灵活运用。其次，在学分制计分方法执行方面缺乏弹性，学生一味地追求考试合格，达到结课标准缺，未能实现真正意义上的学分制。在科研与教学方面存在现阶段科研与教学相脱节的情况。高校教育科研与教学同等重要，没有一流的科研就无法培养一流的高素质人才，没有科学的教学工作就无法培养知识型实践人才。在现阶段地方高校教育管理中，科研开发管理体系和教学管理体系两者相互独立，并未做到有机、有效的结合，学生参与度不高，显然当前体系对于知识型人才的培养与素质教育的全面推行是不利之举。

# 第3章　书院制视角下地方高校大学生实践育人体系研究

实践育人是高校育人体系的一个重要环节，是落实立德树人根本任务的重要抓手。党的十八大以来，高校实践育人取得了显著成效，在推动学生成长成才、勇担民族复兴重任方面发挥了极为重要作用。习近平总书记在与北京大学师生座谈时指出，"'纸上得来终觉浅，绝知此事要躬行'，学到的东西，不能停留在书本上，不能只装在脑袋里，而应该落实到行动上，做到知行合一、以知促行、以行求知。正所谓'知者行之始，行者知之成'，每一项事业，不论大小，都是靠脚踏实地、一点一滴干出来的。"通过实践培养学生将所学的理论知识应用到实际中去，提高自己的实践能力和解决问题的能力，帮助学生更好地了解社会，增强社会责任感和使命感。

## 3.1　书院制视角下地方高校大学生实践育人体系现状

### 3.1.1　地方高校实践育人体系的主要成绩

（1）实践育人体系的顶层设计不断完善。中央、地方政府和各地方高校在充分遵循思想政治工作规律、学生成长规律、教书育人规律，把握高校实践育人内在规律的基础上，统筹规划、系统设计，用政策和制度为地方高校实践育人工作引力借力。从宏观层面来看，近年来，国家制定出台了一系列关于推进实践育人体系的相关政策和具体的制度，例如，《关于进一步加强高校实践育人工作的若干意见》《志愿服务记录办法》《关于深化高等学校创新创业教育改革的实施意见》《关于加强和改进新形势下高校思想政治工作的意见》《关于加快构建高校思想政治工作体系的意见》《关于增强新时代大学生社会实践活动实效　深化共青团实践育人工作的意见》相继出台，为进一步加强和改进地方高校实践育人工作提供了制度保障。其次，从中观层面的顶层设计来看，各个地方政府和教育行政部门结合各省市的具体情况制定出台了一系列推进高校实践育人的政策和举措。如湖北省出台的《关于开展 2022 年湖北省高校实践育人特色项目建设的通知》，全面推动了全省高校实践育人工作科学化和规范化，加强了全省高校育人特色项目培育建设。

（2）实践的社会融入度有所提高。地方高校实践育人的社会融入度持续升高，主要指的是当前地方高校实践育人在发展过程中呈现出"走出去"和"引进来"的趋势。改革开放以来，高校实践育人进入了快速发展的道路。从全国大学生志愿者暑期"三下乡"实践活动、"挑战杯""互联网+"竞赛、"西部计划"志愿服务到各个高校富有特色的社会实践品牌，如湖北文理学院的"格桑花""雪莲花"支教团队、吉首大学的"万名师生走进武陵山暑期三下乡"志愿服务品牌活动、肇庆学院的"青年云支教"志愿活动等。校外社会实践作为高校实践育人的核心组成部分，活动形式呈现多样化，高校实践育人活动"走出去"的趋势越来越显著，与社会的结合越来越紧密，如高校联合企业、社区、基层政府、单位建设实践育人基地，拓展地方高校的实践育人空间。同时，实践的目的是通过实践使大学生更好的了解、掌握、应用知识，拓宽思路，将理论与实践相结合，促进大学生全面发展，因此，把社会优质资源"引进来"的举措有助于实践育人过程和效果的优化和提升。如地方高校的"双师型"教师队伍建设，鼓励高校教师深入企事业单位挂职锻炼，聘请校外专业领域的专家担任校外教授或校外指导老师；地方高校与企事业单位联合开展主题党日活动、主题团日活动，促进学习交流。

（3）实践育人体系的生活化气息日渐浓厚。生活即教育，地方高校实践育人体系的生活化气息指的是，育人体系的设定密切围绕学生的日常生活。一是创新创业教育受到更多的关注；二是育人路径与学生的毕业出路紧密结合。2015 年，国家《关于进一步做好新形势下就业创业工作重点任务分工方案的通知》（国办函〔2015〕47 号）的出台，"万众创新、大众创业"的口号响彻地方高校，首次提出要将创新创业教育纳入国民教育体系，并要求高校全面深化创新创业教育，各个地方高校、地方政府纷纷建立大学生创新创业基地，根据项目申请的实际情况，给予一定的创业资金资助、场地租金减免或补助和人才津贴发放政策，促进科研成果如专利、软著的成果转化、大学生创新创业项目的落地和人才的引进，推动创新发展，社会积累了一定的创新型人才。

### 3.1.2　地方高校实践育人体系存在的问题

（1）实践育人体系建设的创新性不足。不同地方高校对实践育人体系建设表现出不同的重视程度，针对教学过程中的实践要求，涵盖的专业实习、社会调查等活动，是根据课程培养方案的硬性要求指导开展的，开展的形式过于固定，学生的接受具有一定的被动性；学校内外的日常实践活动多是由大学生自发组织的志愿服务活动、勤工俭学等活动，由于参与门槛低、形式灵活多样等特点，虽然学生参与积极性高，但持续性不强，形式单一，育人效果难以把控。

（2）实践育人标志性成果不突出。地方高校课程实践带队老师多为学院专业教师，主要目的是完成专业课程的既定要求，对课程理论知识的巩固和相关课程认知的重构。在这个过程中只是一味地进行集体化实践，缺乏实践教学的创新性、个性指导，产生的成果仅为精品课程的录制和部分学科竞赛"好苗子"的挖掘，很难孕育出一些标志性成果。地方高校的社会实践团队基本都由辅导员或者专业教师担任指导老师，有一定的成果产出量，但实施过程重指导，轻引导，强化社会实践活动的管理，缺乏学生的自主创新意识，很少有高校能够培育出有较大影响力的、呈现规律性、长期开展的品牌特色实践育人活动。

（3）实践育人体系评价机制不健全。地方高校基本都出台了实践育人保障体系、运行体系的相关制度性文件，但是实践育人体系的评价机制不健全却成为多数地方高校的通性。实践育人是大学生能够接触到的最贴近社会生活和现实生活的重要育人方式之一，实施过程、育人效果的评估需要作为实践和受益主体的大学生的参与，实践育人体系评价机制有助于及时调整实践实施方略，提升育人效果，加强与社会要求的紧密结合，破解提高学生综合发展能力的难题。

## 3.2　书院制视角下地方高校大学生人才培养模式改革与实施路径

党的二十大报告按照习近平总书记加强系统观念的要求，首次把教育、科技、人才进行"三位一体"统筹安排、一体部署，并摆放在论述"全面建设社会主义现代化国家的首要任务"——高质量发展，之后的突出位置，赋予教育新的战略地位和历史使命。实践育人是新时代我国教育方针的重要价值导向，更应该结合中国特色社会主义新时代背景和中国式现代建设的内涵要求进行人才培养模式改革，努力培养德智体美劳"五育并举"的社会主义事业的合格建设者和可靠接班人。

### 3.2.1 改革思路

高校大学生实践育人的立足点应该围绕国家的发展和时代的需求，理应具备贯彻党的教育方针，落实"立德树人"根本任务的新功能。这就要求，大学生社会实践的出发点要提升到为党育人、为国育才的政治高度，必须与新时代国家的发展要求相吻合。因此，高校不能局限于传统思想进行实践教育，应该创新实践的载体，拓宽实践的路径，丰富实践的内涵，创新发展，提升育人功效。探索构建中国特色社会主义新时代背景下实践育人创新模式，促进学生社会实践向课程化、项目化、基地化、网络化、社会化和多元化方向转变。将实践育人与书院制建设有机结合，创建书院制的行动自身就是一种实践，在书院制的构架下实现实践育人体系的重构（见图 3-1），结合时代发展和社会需求，从四个方面进行改革：一是将通识教育与实践育人教育相结合，着手搭建专业实践教学、专项实践活动和专题社会实践活动的三个实践课堂；二是加强环境建设做好氛围营造，开拓学生宿舍区育人功效；三是通过"走出去"和"引进来"拓展学术及特色学生活动；四是搭建满足个性化、多专业交融的学生发展平台，着力建设"创新创业平台、素质拓展平台、虚拟实践平台"三个实践育人平台。着力

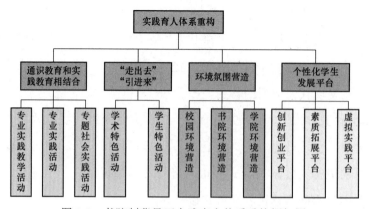

图 3-1  书院制背景下实践育人体系重构框架图

促进青年大学生全面发展，培养具有社会责任感和奉献意识的创新人才，提高青年服务国家水平，推动青年大学生在不断融入国家和社会的发展中持续成长成才。

## 3.2.2　实施路径

通过书院制建设，拓宽实践育人路径。书院制建设本身就是一种实践，依托学生宿舍、学生生活区建设书院，在书院制的建设过程中发动学生的想象力、创造力，在现有的构架下拓展空间，根据学生的实际需求完善书院功能建设。完善大学生实践育人体系，搭建主题实践活动平台，例如，创新创业平台、红色之旅实践平台、特色党建实践平台、大学生创新工作方法平台等。以平台促实践，强化机制创新，注重实践成效，加强成果转化与育人实效的落实、落细，激发广泛参与和典型培育的热潮，做好良好的实践氛围营造。

# 第4章 书院制视角下地方高校大学生创新创业实践案例

## 4.1 以书院"三早"计划激发学生创新源动力

大学生学科竞赛是新时代背景下人才培养质量的重要体现之一，是高校大学生创新创业的重要的着力点，是大学生利用所学知识创造性地解决实际问题的重要平台，是检验学生理论学习和实践动手能力的重要手段，对于培养学生创新思维、创新意识、创新创业能力和团队合作精神具有重要意义。书院以学生发展为中心、以产出为导向的工程教育（OBE）理念，立足社会需求和人的全面发展，聚焦学生在毕业时"学到了什么"和"能做什么"，反向设计课程体系与教学环节，从增强大学生工程实践创新能力的角度出发，在学科竞赛工作上进行了有益的实践和探索。

### 4.1.1 "三早"计划

书院的"三早"计划，"三早"即"早进课题、早进实验室、早进团队"。创新了符合人才培养要求的"知识—设计—实践—创新"四位一体、循序渐进式的创新实践教学体系。从培养和提高学生工程实践能力的角度出发，提出了把实践实训贯穿于专业的整个教学过程中，从学生入学教育、金工实习、认识实习、课程设计、生产实习、毕业设计等多个教学环节融入，构建了与应用型创新人才培养目标相适应的实践教学体系。

开展基于项目牵引的培养方案改革，形成了让本科生早进课题、早进实验室、早进团队的递进式、延续性的书院"三早"创新创业实践育人模式。从大一就开始在书院引入实践意识，将本科生培养过程中的知识（基础理论、专业基础和专业知识）、设计（课程设计和毕业设计）、实践（工程训练、课程实验、综合实验、实习、社会实践等）和创新（创新设计和竞赛等）能力培养"四位一体"有机集成，实现贯穿本科的专创融合人才培养目标。在"三早"计划中，促进多学科不同专业学生建立交流平台，针对某一个研究课题、项目、学科竞赛共同努力，促进学科融合和知识的交互。

建立"学赛一体、理实结合"的递进式书院创新创业能力培养体系。以学科竞赛为主线、书院导师为主导、学生为主体，以专业核心课程为纽带，梳理各类学科竞赛在专业层面上的阶梯性与内在关联性，将创新能力培养融入课程体系，将学科竞赛内容融入课程模块，搭建"实验、实训—学科团队—学科竞赛—实际项目"的全方位实践创新平台。分层次、分年级、分项目实施，以课程引领竞赛，以赛促学、以练促赛，实现学生创新意识、工程素养和工程实践能力的全面提升。这类旨在培养创新实践能力的项目训练和学科竞赛指导已成为书院的常设环节，如图4-1所示。

打造"教授挂帅、博士领衔"的全员育人新生态。利用书院的专业优势和交叉学科背景，依托实验室和科研团队，搭建师生交流平台，书院在职教授全员上阵，按照自己的科研方向牵头团队，带领博士和骨干教师，扎根实验室、指导学生，形成了产教融合、研赛一体的发展模式，激发学生的参赛热情；扩大学生受益面，持续提升竞赛成绩，充分营造"以赛促教、以赛促学"的良好氛围。

优化"保障重点、鼓励先进"的政策激励和支撑保障体系。促进学科竞赛可持续发展，经过长期改革积累与协同规范，确保书院的学科竞赛组织工作具备健全的组织管理制度，以及完善的经费投入与激励机制，"保障重点、鼓励先进"，大幅提升绩效考核与年终分配方案中对学科竞赛奖励比重。在工作中，构建贯穿人才培养主要环节的学科竞赛培养体系，建立多层次、多元化的学科竞赛支撑平台；以书院大学生创新创业中心为依托，学科竞赛与创新活动相结合，建立多层次、多类型的创新实验计划体系及支持学生自主管理、自主创新的创新活动体系；大力支持学生在书院成立创新创业学会，提供活动场地、经费支持及技术指导，自新生进校开始进行广泛宣传动员，推介各项比赛、指导教师、优秀团队和获奖成果，激发学生参赛热情。另外，书院还负责在赛事中做好师生的后勤保障、服务、协调工作，解决师生的燃眉之急，后顾之忧；召集骨干教师进行专题研讨，布置参赛任务；聘请相关领域的专家学者、企业家进行指导，开设专题讲座等。

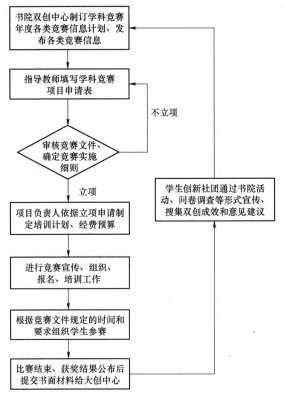

图 4-1  书院创新创业培养体系中项目的立项、组织工作流程

## 4.1.2 "三早"计划的启示

（1）启示之一：要进一步把学科竞赛固化到人才培养的各个环节中。将学生的动手实践能力和理论知识以学科竞赛为纽带连接起来，逐步培养学生自主学习能力，达到"以点带线、以线带面"的效果。在校期间参与学科竞赛成绩突出的学生，毕业时都拥有一些"硬通货"——授权的专利、公开发表的科研论文、获得的学科竞赛奖励、主持的创新创业训练项目等。这样的学生在招聘会上大受欢迎，用人单位评价他们"专业知识深、动手能力强、团队意识好"。

（2）启示之二：要厚植学科竞赛的文化氛围。要进一步建立"书院—教师—学生"自主管理的联动机制。对应不同学科竞赛，结合书院的具体场地条件，成立相应的竞赛活动基地，为学生创造较大的自主创新和探索的空间，提供一个可以将设计想法转化为设计作品的平台。同时，鼓励院院合作和多学科交叉的竞赛活动。通过校企合作，和企业建立合作伙伴关系，在双方互惠互利的基础上，根据不同项目有选择地吸引社会力量参与学生实践创新能力的培养进程，共同提高创新型人才的培养质量。

（3）启示之三：书院要着力选拔一批潜心学术、敬业奉献，自身散发着学术魅力的导师来手把手带出一批拼搏进取、励志重行的学生。参加学科竞赛，对教师和学生来讲，都必须少一些功利主义的追求，多一些"不为什么"的坚持。

书院应对标"一流专业"建设要求，将高起点、全方位、多角度的学科竞赛与培养一流本科人才的办学目标融为一体，进一步推广应用目前取得的成果与经验，强化实践育人环节，持续发挥"三早"计划优势，加强学科竞赛建设，着力学生创新精神和实践能力的培养，扩大学科竞赛的覆盖面、影响面和受益面，推进书院人才培养质量的稳步提升，成果展示示例如图 4-2 所示。

图 4-2　书院"三早"计划成果展示示例

# 4.2 "身边的榜样，前进的力量"——让青春在创造中闪光

"榜样"产生于一定的道德实践，是具有肯定意义的现实生活中的先进典型，是社会先进道德观和行为准则在这些典型人物身上的集中表现。"榜样教育"是由一定的社会组织通过宣传榜样，使作为榜样的行为、方法、思想、品质、成就能够影响他人、感化他人，并期望其积极效仿，使榜样的效力尽可能发挥到极致的一种教育实践活动，其直接目的是拓展和深化榜样的教化功能。因为榜样能够深刻而具体地影响人们内在的信念，比道德说教的影响更为深刻，人们也正是通过这些鲜活而生动的榜样形象，了解并接受着社会道德规范，榜样教育因而成为对大多数人作用非凡的一种道德教育方式。而身边的榜样更是在学生周边的，每天能够接触到的人们，他们的一言一行学生们看在眼里，他们所取得的成绩学生们都是有目共睹的。树立身边的榜样能够引起学生们的共鸣，激发内在动力，促进学风的转变，营造良好的学习生活氛围。

## 4.2.1　在高校实施榜样示范教育的价值意义

榜样示范教育是一种在大学生思想政治教育工作中常用的方法。榜样的力量是无穷的，选准一个典型就等于树立一面旗帜，将起到巨大的示范作用。如果先进典型的榜样示范教育运用恰当，就能充分调动学生的积极性，使大学生思想政治教育工作更有说服力、更具导向性、更具有效性，从而实现大学生健康成人成才。

（1）价值导向功能

先进典型代表着一种进步，有了典型就有了前进的目标，从而引导大学生向着既定的目标而努力奋斗。通过树立和学习大学校园中的先进典型事迹，能够引导广大学生树立和培养社会主义理想信念，培养爱国主义、集体主义的思想道德，对于大学生思想道德建设和促进良好校园风气的形成有着非常重要的作用。典型的价值导向作用，具有"春风化雨、润物无声"的特点。

（2）行为暗示功能

通过典型宣传引导广大学生的价值评价，减少非主流校园文化所带来的心理冲突，并通过对先进典型的认同、暗示和模仿来见贤思齐，自觉调整自身的行为规范，形成大学生应有的思想道德和行为方式。典型教育方式把抽象的说理教育变成生动的形象教育，以引起大学生思想情感上的共鸣，使大学生进行思考、比较、模仿和学习。

（3）情感激励功能

典型教育具有示范性、说服力和感召力，一个好的大学生典型就是大学校园中的一面旗帜，感召和带动着人们，激励着大学生的自尊心和进取心，激发和诱导大学生产生主观的动机需要，进而产生模仿典型，向典型学习的自觉行为。

（4）感染熏陶功能

通过典型的价值导向功能和行为暗示功能，先进思想会融入校园文化中，先进人物会像雨后春笋般地不断涌现，从而在校园中形成健康向上的良好风气和创设浓郁的氛围，让大学生在特定的校园环境中感受先进典型内在精神的熏陶，达到思想教育知、情、意的统一。

### 4.2.2　发挥大学生榜样示范作用的有效途径

（1）榜样选取民主性

以往的榜样都是经"自上而下"的模式设立的，这一模式在社会结构简单、信息渠道单一的条件下，是成功有效的，但是随着我国市场经济体制逐步深入、信息爆炸时代的到来，通过这种模式选取的榜样作用日益弱化。当前，我们的榜样形成机制要充分体现民主性，让广大学生根据自己的判断和选择能力去寻找符合自身情况的榜样，融入"自下而上"的选择形式，这样的榜样才能得到受教育者的认可和崇拜，真正起到示范作用。然而，由于大学生社会阅历浅，对事物的认识不够深入，容易出现急功近利的现象。曾有过一个关于"大学生心中的榜样是谁？"的调查，有三分之一的人以俞敏洪、马云这样的商场成功人士作为榜样，学生们渴望像他们一样辉煌富有，但是却忽视了他们成功背后的艰辛历程。因此，我们建立民主的榜样形成机制，并不是放任不管，任由学生盲目崇拜，而是要在社会主流价值的引导下民主选拔，正面倡导。

（2）榜样彰显人文性

在树立榜样时，我们要体现人文性，处理好榜样与凡人之间的关系。人，是社会的人、现实的人，要生活、有情感、有欲望。因此，一般人是很难做到"毫不利己专门利人"的，能在利己的同时利人就已经是一个道德高尚的人。如果我们树立的榜样都是那些不顾家、不珍惜自己身体、没有喜怒哀乐的"神"的形象，只可远观，而难以效仿，这样的榜样就失去了示范的作用。因此我们在树立榜样时应该"以人为本"，不能要求"十全十美"，最好能来源于大学生的生活世界，这样的榜样与受教育者有相似的人生经历，榜样形象贴近生活、贴近现实，从而易于被大学生所接受，引领他们的学习、生活。例如，2005 年感动中国人物洪战辉就是大学生身边典型的榜样，他只身一人担负起家庭所有的重担。这个事例激发了全国大学生学习洪战辉精神的热潮，充分达到了榜样示范教育的效果。

（3）榜样宣传真实性

我们在对榜样进行宣传的时候必须要本着实事求是的原则，客观、真实地展现榜样形象，不能为了塑造完美无缺的榜样形象，将榜样无限拔高，甚至张冠李戴、无中生有，使榜样脱离现实。这也是当前我们所宣传的榜样，不能激发起大学生学习热情的原因，因为他们太完美了，完美得不真实，完美得难以企及。我们在学习榜样的时候，主要学习榜样的好思想、好作风，同时也能够正视其缺点，使榜样可亲可爱，让受教育者更容易接受。为什么许多明星人物，虽然存在各种各样的问题，却依然被广大青年所喜爱，因为在他们眼里明星是有血有肉有情感的人，一些瑕疵并不能掩盖其光芒。

（4）榜样学习实践性

榜样教育不是简单的认知性教育，不是仅仅以提高认识为目的，而是要求认知与行为相结合的知行统一的教育。因此，我们在大力宣传榜样的优秀事迹之后，应把教育的重点放在学生对榜样精神的理解，同时为学生提供切实可行的实践锻炼机会。然而，学生对典型的模仿行为是否能持续、巩固、发展成为稳定的社会态度和行为习惯，在很大程度上取决于模仿行为是否受到正面强化。所以，我们要对积极实践的同学及时给予认可和鼓励，使他们的行为得到正面强化，在反复强化的过程中，学生才能把对榜样的简单效仿逐步转变为自己的行为习惯。

（5）榜样培养长期性

雷锋作为无私奉献的榜样影响了半个多世纪的青年人，这一典型之所以能长期存在并产生巨大影响，与国家长期不懈的倡导和学习是分不开的。由此看出，要想使榜样起到一定的示范效果，需要一个长期、稳定的学习过程。在这个过程中我们要以人为本，关心爱护榜样的成长，引导他们正确对待鲜花、荣誉和掌声，克服骄傲、自满等不良思想，不断进行自我教育，用自己的实际行动和高尚品德成为广大学生的楷模。

### 4.2.3　身边的榜样典型培育案例

#### 李涵——勤学不忘苦练，实践以图创新

李涵，中共党员，湖北文理学院机械工程学院的毕业生。她刻苦钻研、

成绩优异，曾获国家奖学金、国家励志奖学金、校长奖学金、优秀学生奖学金、甲等单项奖学金等。她思维活跃、热爱创新，曾获第六届全国三维数字化创新设计大赛全国一等奖，中南区港澳特区大学生机械创新设计与制造大赛赛区二等奖，第六届全国三维数字化创新设计大赛湖北省特等奖，第三届全国大学生工程训练综合能力竞赛湖北省二等奖，第七届全国三维数字化创新设计大赛湖北省一等奖，全国大学生机械创新设计大赛湖北省一等奖，第七届全国三维数字化创新设计大赛湖北省二等奖，第三届全国机械产品数字化设计大赛全国三等奖等，在校期间申请实用新型专利两项，发表核心期刊论文一篇，曾获湖北省教育厅"长江学子"创新奖。她正直善良、热心真诚，曾担任车辆工程专业学生党支部书记，她所负责的学生支部连续 4 年荣获优秀党支部称号，她获评为十佳大学生党员、优秀学生干部、卧龙英才、三好学生标兵、优秀毕业生。

（1）勤学善学夯基础

"聪明出于勤奋，天才在于积累，勤奋和积累才是决定成功的关键因素，唯有目标明确、严于律己才不会在大学中迷失自我，唯有提高效率、聚精会神才能够在有限时间内汲取精华。"李涵在获得校长奖学金时这样总结自己的"成功"经验。老师和同学也一致这样评价李涵：勤于用功、善于思考，自学能力与自制能力较强，能够充分合理地利用大学时光。

小时候的李涵梦想成为一名医生，高考失利却使她阴差阳错地成为一名学习机械的工程师。她说虽然不能治病救人，但是设计出性能优良的机电设备，减少安全事故，服务广大病患也算是从另一个角度实现了自己的梦想。课堂上的她思维活跃、见解独到，能够积极主动与老师沟通；课余时她坚持自习、博览群书，在兴趣点上投入了大量精力，她会主动查阅大量资料，增强对专业知识的掌握。

"她谦虚好学、悟性较高、基础扎实，能经常主动与老师沟通交流并获得指导。"基础课程学习阶段，李涵的老师王华杰这样点赞自己的学生。在老师的引导帮助下，李涵在很短的时间里就熟练掌握了三维建模与分析软件。到了专业课程学习阶段，她扎实的基本功、突出的动手能力已经得到了展现，创新能力和专业素养引起了机汽学院创新中心王宏达老师的关注，主动联系并建议她参与创新中心的相关活动并参加各类校内外学科竞赛，进一步开阔眼界，提升专业水平。

加入创新中心后，她更加惜时如金、注重效率，很好地处理了参加学科竞赛与抓好基础学习之间的关系，在个人专业学习上取得了令人瞩目的成绩。她勤学善学，大多数科目的成绩都能达到90分以上甚至满分，连续3年书院综合素质排名第一，高分通过了全国计算机二级和大学英语四、六级考试。在校期间荣获两次国家奖学金、一次国家励志奖学金、一次校长奖学金、四次优秀学生奖学金和两次甲等单项奖学金等。更是以复试第二的成绩考入北京理工大学车辆工程专业攻读硕士研究生。

（2）热爱创新以致用

"我创新的精神指引就是：学而不思则罔，思而不学则殆，这句古训深刻揭示了在接受教育的阶段，学习与思考的重要性。"李涵基础扎实，思维活跃。她总是能够利用所学的理论知识创造性地设计出各类创新型作品，并积极参加校内外学科竞赛活动，将所学的知识灵活运用到工程实践中，然后从实践回归理论，促进自己去学习更多的理论，以此达到良性循环。

李涵具有强烈的好奇心和独立思考能力，对任何问题都有相对全面而独特的见解和想法，都有锲而不舍的精神品质和严肃认真的做事态度，再加上能够担纲核心并充分发挥团队的协作能力，她创造了一个又一个奇迹，被誉为书院的"创新达人"。她带领团队参加第三届全国大学生工程训练综合能力竞赛获湖北省二等奖；此外她还获得第六届全国三维数字化创新设计大赛全国一等奖；中南区港澳特区大学生机械创新设计与制造大赛赛区二等奖；第六届全国三维数字化创新设计大赛湖北省特等奖；第三届全国大学生工程训练综合能力竞赛湖北省二等奖；第七届全国三维数字化创新设计大赛湖北省一等奖；全国大学生机械创新设计大赛湖北省一等奖；第七届全国三维数字化创新设计大赛湖北省二等奖；第三届全国机械产品数字化设计大赛全国三等奖等。每次参加比赛之前，她几乎整天泡在实验室里，不断改良设计、重复实验。她动手能力很强且胆大心细，金工实习表现优秀，经常在加工中心亲自动手完成作品的设计加工与装配调试，被老师和同学们戏称为"女汉子"。

在比赛过程中，她注重细节、考虑全面，答辩时沉着冷静、有理有据。比赛结束之后，她善于总结、发现问题，常与老师同学们交流经验、探讨不足。在校期间她申请实用新型专利两项。由于专业成绩优异、创新能力突出，大四学年她获得了毕业设计与答辩免试资格。

毕业前夕，在由湖北省教育厅和新华社湖北分社举办的第二届"长江学子"优秀大学毕业生评选活动中，来自全省 71 所高校的 123 名应届本硕博毕业生被遴选为候选人。经过专家评审委员会初评、复审并结合网络投票情况，李涵荣获了"长江学子"创新奖，为全校学生树立了学习与创新的榜样。

（3）正直热心优服务

李涵爱好读书，图书馆、教学楼和实验室总有她安静学习的身影，不骄不躁、心无旁骛。生活中的她勤俭节约、孝敬父母、尊敬师长、友爱同学。她通过获得奖学金和在外兼职负担了自己大部分的学费和生活费。她喜欢不断尝试并挑战新事物，学习之余，积极参加各种文体活动，抓住每一个展示自我的机会，是一个兴趣多元，热心正直的"好学霸"。

"仁者，爱人"这句话李涵时常拿来要求自己。她工作认真、勇于担当，曾担任车辆工程专业学生党支部书记，严格贯彻执行上级党组织的决议及指示，合理制订工作计划，开展学习活动和组织生活会，深得老师和同学们的信任与好评。她时刻关注了解身边同学的思想动态，鼓励他们积极进步加入党组织，出色完成了入党积极分子选拔、培养和党员发展、转正、组织关系交接等日常党建工作。她所负责的学生支部连续 4 年荣获优秀党支部称号，她也被评为优秀学生干部和十佳大学生党员。

她性格开朗、自立自强、乐于助人，是一名光荣的中国注册志愿者，多次组织参与义工活动，在尿毒症孤寡老人生命的最后阶段给予温暖。她将关照学弟学妹当作一种义务，学校来了新同学，她会在第一时间参与迎新工作，倾其所有帮助他们尽快融入大学生活。在担任助理班主任期间，她通过班主任李波老师，与该班同学建立了深厚的情谊，无论是生活还是学习遇到了困难，大家都会同她交流，她也会尽力做好辅导工作，是学弟学妹们的"好学姐"。

尽管学习任务繁重，她还积极指导并带领周纯、何帆、但雅波和陈俊杰等一班低年级同学参加了多类创新比赛并取得了优异成绩。她的"优质服务"让她获评为学校卧龙英才、三好学生标兵、优秀毕业生等荣誉称号。

"这是一种传承，不但能够相互学习、取长补短，还能够为人才强校增添力量。"她这样评价自己的付出与收获。

附记：李涵毕业后考取北京理工大学车辆工程专业硕士研究生。研究生毕业后在上海华为技术有限公司担任研发工程师。

## "全国大学生自强之星"——钱伟

钱伟，男，汉族，1997 年 8 月生，中共党员，湖北文理学院机械工程专业在读研究生一年级。勤奋学习，本科及研究生期间成绩名列专业前茅，荣获国家奖学金、国家励志奖学金、专业奖学金等各类奖学金 20 余项；勤于实践，获得国家级学科竞赛奖项 5 项、省市级竞赛奖项 20 余项，发表学术论文 5 篇，申请并受理专利 10 项；奋发图强，2018 年春节期间家庭遭遇重大变故，母亲身亡，父亲身受重伤，他靠奖助学金、勤工俭学挣钱撑起一个家的重任，学业上也丝毫不曾落下，获评"全国大学生自强之星""湖北省向上向善好青年"等荣誉。

（1）良师益友促进取

进入研究生阶段，保持一贯勤奋好学的习惯。课堂上他总是坐到前两排，积极和老师、同学研讨问题，课下主动找老师请教，师生之间建立了良好关系。工作室就是他进行创造发明的地方，有时周末也常会去图书馆阅读杂志或与好友一起去爬山，释放一下紧绷的学习压力。一分耕耘一分收获，大学本科期间钱伟成绩蒸蒸日上，每年都会获得"国家励志奖学金"。他担任过机械创新协会会长，在学习的同时，也开始了科研之路。将书本知识在实践中去检验，每一个设计过程都是对所学知识的运用和巩固，这样的学习模式他很喜欢。钱伟不骄不躁，精益求精，因综合表现优异斩获"国家奖学金""校长奖学金"。在大学本科最后的时光里也得到了老师和同学们的一致肯定，被评为了优秀毕业生、优秀学生干部。毕业时他毅然选择在母校就读研究生，立志继续在学校发光发热。他学业成绩优异、政治思想端正、科研能力突出。得到老师与同学们的一致认可，任机械工程学院研究生团支部书记一职，在紧张的科研压力下不忘为同学及老师做好服务工作。

（2）科研实践出真知

研究生生涯刚开始，钱伟就主动结交合作伙伴，开始了中国可再生能源学会大学生优秀科技作品竞赛的研究生组工作，奇思妙想做出"基于多能量机制的局热式水淡化装置"模型，并取得了不错的试验效果。但因初赛时把重点放在了实物制作和调试上而忽视了说明书的重要性，最终以国家三等奖的成绩宣告结束；之后他积极吸取教训，为参与的"第四届全国大学生创新体验竞赛"做好准备，有信心在该赛事中取得优异成绩。其实在他本科期间就参加了很多的学科竞赛并取得了非常不错的成绩，例如"全国大学生机械创新设计大赛获得国一等奖并签订成果转化意向书""全国三维数字化创新设计大赛获得国一等奖""全国 3D 大赛国二等奖""全国节能减排与社会实践科技竞赛国三等奖"等一系列奖项 20 余项。并且在每一次参赛之后他都会及时进行总结归纳，将实践经验转化为理论成果，发表在期刊杂志上。"大学时光培养了我肯于吃苦、求实创新的品质"，在问及大学往事的收获时，钱伟这样说道。

（3）自强不息挫越勇

2018 年的一天，钱伟在校上课，家里突遭变故，他父亲骑三轮车带着母亲外出办事，遭遇车祸，车辆直接翻滚到陡坡下面，母亲来不及抢救当场身亡，父亲重伤被送往医院。这突如其来的噩耗让钱伟备受打击，面对破碎的家庭、重伤住院的父亲，本来就不富裕的家庭更是雪上加霜，经过长时间的思想斗争，父亲苦口婆心的劝说，他毅然决然地返回到学校，继续他的学业，并依靠奖学金和兼职所得，维系着家庭和学业，他用自己弱小的身体，撑起了一个家。2020 年 5 月，他以优异的成绩考取湖北文理学院机械专业研究生。立志在自己母校继续发光发热，创造更大的价值。人生需要蜕变才能成长，遭受过挫折的钱伟已经懂得生活的不易，懂得亲情的可贵，懂得奋斗的意义。在家时他尽心陪伴父亲，在校时他努力奋进。他坚信，只要勤学上进，勇于担当，就能成长为更优秀的自己，实现人生的最高价值。

（4）志愿服务守初心

志愿活动是一个人是否具有社会责任感的重要表现，尽心竭力地帮助身边人也是在无形地给予自身幸福感。周末图书馆清洁义工、公园环保卫士、新生入学志愿者和无偿献血公益人的角色成为他身上的标签，本科期间，平均每学年义工时间 40 余小时。此外，他还积极投身团学工作，先后担任汽车与交通工程学院学工助理和车辆 1612 班级团支书。他担任机械工程学院研究生团支部书记，用自己所长竭尽所能地为师生服务。

（5）忆往昔 看今朝 展未来

在这个新的阶段里他已经为自己设计好了一条路，初心不改、矢志不移，过往的 4 年光阴无论是学习、生活、科研还是其他方面，他都在不断挑战自己，精益求精，积累下来的成果也给予了他最大的回报。现在的他始终清楚地知道自己身上的责任是多么的沉甸甸，面对挑战他不敢松懈。如果问怎么才能使自己变得更加优秀，他的回答是唯有奋斗与拼搏才是打开人生理想的金钥匙，唯有奋斗和拼搏的青春才是最美好的青春！

图 4-3　书院"身边的榜样"活动展示

　　在活动中注意总结典型，及时起示范推动作用。开展教育实践活动，离不开榜样的力量。好的榜样，是最好的引导；好的楷模，是最好的说服。书院通过"身边的榜样，前进的力量"——让青春在创造中闪光实践活动，在学生宿舍区打造"身边的榜样"文化长廊，以文化建设促进院风学风，营造良好书院氛围。

# 第 5 章 书院制视角下地方高校大学生红色之旅实践案例

实践活动是实践育人的重要载体。以培养什么样的人为切入点，从政治素养、精神品质、道德情操、高尚人格四个维度来培养塑造大学生，推动大学生坚定理想信念，强化责任担当，促进勇毅笃行。红色之旅实践活动是通过聚焦国家大型主场外交、赛会赛事等重大活动志愿服务，实现青年服务国家的靶向目标，促进大学生在重大专项活动中感受祖国发展，提升政治意识，坚定爱国情、强国志、报国行；通过具体的活动推动大学生深入群众、扎根一线，在向实践学习、向人民学习，在学思结合和知行统一的行动中培育勇于探索的创新精神，服务国家、服务人民的志愿奉献精神。

## 5.1 走访抗战老兵，弘扬爱国精神——书院爱国主义教育系列活动

70 多年前，他们是浴血奋战在抗日疆场的民族英雄；70 多年后，他们有一个共同而响亮的名字——抗战老兵！他们为中华民族的崛起，为中国人民的独立，奉献了自己的青春和热血。现如今，他们大多生活在城镇或者偏远的山村，陪伴他们的是生活的艰辛和心灵的孤独。开展"寻访抗战老

兵，弘扬爱国精神"的关爱老兵公益活动，在践行"敬老爱老"传统文化，传播社会爱心和真善美的同时，对大学生进行一系列的爱国主义教育。通过对老兵的逐一寻访，挖掘战争亲历者背后感人的抗战故事，采集珍贵的图片和影像资料。为生活中有困难的老兵提供帮助，通过形式多样的宣传，联系、集结社会力量为老兵摆脱生活中的困境，倡导全社会用实际行动关注老兵、关爱老兵。活动影响范围广，意义深远。

## 5.1.1 活动意义

（1）对老兵珍贵资料搜集整理的紧迫性。时光飞逝，转眼 70 多年过去了，抗日战争的亲历者，为中华民族的独立抛头颅洒热血的抗战老英雄们正在一个接一个地离我们而去，每一个老兵的逝去就意味着一段值得铭记的过往已成为历史。寻访现在健在的抗战老兵、听他们讲述当年的经历、讲述当年的故事、对影音资料进行整理显得尤为紧迫。对已经去世的老兵，寻访他们的子女，听子女讲述先辈的事迹。

（2）对学生们进行爱国主义教育的必要性。老兵是一本活生生的爱国主义教科书，见证着中华民族从压迫到独立到富强的全过程，他们眼中的历史、他们背后的故事对当下大学生极具教育意义，有助于增强大学生的思想政治意识和爱国主义情怀。在团队寻访老兵之余，邀请身体状况良好的老兵到学校开展"抗战老兵讲坛"活动，让更多的老师、同学与老兵面对面交流，促进开展爱国主义教育。

（3）为老兵解决实际生活中困难的迫切性。定期看望老兵，每次为老兵做到"十个一"，即送一桶油、送一袋米、送一提水果、做一次饭、打扫一次地面、擦拭一次家具、洗一次衣服、表演一个节目、照一张相片、录一个视频。在给老兵送去物资、帮助整理家务之外，以青年学生特有的积极向上的青春活力带给老兵内心的愉悦。个别家境贫寒、孤苦伶仃的老兵，面临着住所破败、无人照看的境地，团队重点带着老兵现状资料，向社会寻求帮助，通过对接媒体、企业、商家等资源对老兵进行义捐，筹集资金修缮房屋、雇佣看护人员，起到连接老兵和社会的纽带作用。呼吁社会对抗战老兵的关注，倡导用实际行动关爱老兵。

"寻访抗战老兵、弘扬爱国精神"活动意义重大，抗战老兵们为捍卫国家独立和民族尊严做出了巨大的牺牲，要让抗战老兵得到更多精神上的安慰和生活上的帮助。同时，通过抗战老兵身上不屈的民族意志和勇于担当的崇高精神，进一步树立广大师生爱国之心，筑牢报国之志，牢固树立为人民服务的思想意识，努力谱写中华民族伟大复兴中国梦的青春壮丽篇章。

## 5.1.2 活动内容

（1）寻找、看望襄阳地区健在的抗战老兵，将寻访过程制作成影集、视频和访谈记录手册，留下珍贵的影音和文字资料。

（2）激情岁月，红色主题展示，将看望老兵的过程制成展览板在校园展示，老兵事迹和访谈内容制作成册，邀请身体条件良好的老兵到校开设讲坛，对大学生进行爱国主义教育。

（3）开展"聆听红色故事、做好红色传人"主题活动，聆听老兵讲那红色岁月的故事，通过红色主题知识竞赛、抗战故事演讲比赛、读书朗诵活动等形式，学习民族英雄，促使青少年一代继承先烈遗志，珍惜幸福生活。

（4）"暖心行动"感恩老兵，团队成员前去看望老兵，为老兵准备一些物质资助，通过媒体的宣传和向社会爱心企业家宣讲，号召社会爱心人士一同关爱老兵，为老兵解决一些生活上的困难。

通过活动开展，已探知襄阳城区、老河口、谷城、东津、黄集等地有抗战老兵 19 人，项目开展仅 1 年期间内就有 4 名老兵驾鹤西去，老兵资料搜集整理工作显得尤为迫切。

通过活动开展采集 19 位老兵的信息、访谈影像资料。联系企业和社会爱心人士为每位老兵送去基本生活物资，为他们整理内务，打扫庭院，听他们讲抗战故事。通过宣讲、赞助的方式联系社会力量，为 9 位老兵送去轮椅，为每位老兵送去过冬被褥，为两位老人改善了居住环境的硬件设施。

项目的创新在于通过学校和学生团体，在帮助老兵改善生活条件的同时，关心关爱老兵，以青年学生特有的积极向上的青春活力带给老兵内心的愉悦，安抚他们内心的苦闷与孤独，使他们感受到来自社会的温暖。对于家境贫寒、孤苦伶仃的老兵，向社会寻求帮助，通过对接媒体、企业、商家等资源为老兵进行义捐，筹集资金修缮房屋、雇佣看护人员等，起到连接老兵和社会的纽带作用。呼吁社会对抗战老兵的关注，倡导用实际行动关爱老兵。

抗战老兵爱国、救国精神的丰碑，应得到后辈人永远仰望。当代青年是同新时代共同前进的一代。通过活动教育广大学生要爱国，忠于祖国，忠于人民；要立志，立鸿鹄志，做奋斗者；要求真，求真学问，练真本领；要力行，知行合一，做实干家；要在奋斗中释放青春激情、追逐青春理想，以青春之我、奋斗之我，为民族复兴铺路架桥，为祖国建设添砖加瓦。

### 5.1.3　活动成果

活动小组完成了襄阳城区所有老兵的信息采集，对每一位老兵的光辉事迹进行文字与影音记录。老兵的所有事迹以文字、图片形式汇编成《寻访抗战老兵，弘扬爱国精神（上）》画册。并将《寻访抗战老兵，弘扬爱国精神（上）》画册赠送给老兵、在校大学生、事业单位的党务工作者和给予老兵帮助的社会人士，采集每个读者观后感受，将读者感受汇编成《寻访抗战老兵，弘扬爱国精神（下）》画册。采集每个老兵寻访过程的影像资料，制作寻访纪录片，通过微信公众号、等媒体多渠道进行宣传，弘扬爱国主义精神。在学校、企业、单位等举办了 10 次宣讲会，宣讲抗战老兵事迹，对大学生进行爱国主义教育。发表爱国主义教育、思想政治教育等主题（省级及以上）期刊论文 5 篇。邀请两名老兵到校举办两场"老兵讲坛"；相关新闻报道 16 篇、系列报道 1 篇；完成活动总结报告 1 份，活动获湖北省教育厅辅导员实践育人项目立项支持。

## 5.1.4　活动成果展示

### 新四军抗战老兵——臧家棋

走访人员：机械工程书院师生　　　记录员：周铮依

（1）走访时间及地点

2018 年 10 月 18 日，湖北省襄阳市襄城区轴承路襄阳轴承股份有限公司老干部楼。

（2）受访对象

臧家棋，男，汉族，安徽定远人。小学文化程度，1941 年 2 月参加革命，1942 年 9 月加入中国共产党，曾任中共恩施地委委员兼利川县委书记处第一书记、利川县委书记、襄阳轴承厂党委书记（正厅级）。

（3）走访过程

在臧家棋老人的女儿接待下，我们来到老人居住的小院，见到了臧老及他的弟弟，臧老已经 90 多岁，但精神依然很好。去的时候正值电视播放新闻联播，臧老专心在看新闻不愿做过多交流，后来当学生问起他参加抗战的那段历史，他浑浊的眼睛立刻有了神采，从他断断续续的叙述中，逐渐把我们带到了那个战火纷飞的年代。我们的记录员边听边做着详细的记录，摄影师调整好机位进行记录，还有记者跟臧老细心地交流着。

（4）老兵自述

"1921 年 4 月 22 日，我出生在安徽省定远县的一个贫苦农民家庭，1937 年，卢沟桥战役枪声打响，那时候我还不到 17 岁，就和同乡几个越过津浦铁路，找到了新四军的队伍，加入了新四军，但是那时候家里人不想让我冒这个险，我的奶奶拿着棒子把我拦在门口，不让我参军，我就趁天黑翻墙跑了出来。加入新四军的时候，因为我会一些驯服牲畜的本事，就这样进了部队的运输队，开始给宣传队运输舞台幕布等用品。后来，我又参加了解放战争淮海战役，跟我妹夫一起走上战场，我的头部受到了创伤把头骨打凹陷了一块，我妹夫在战斗中被炸掉一个膀子。解放战争过后，我还到恩施参加过剿匪战斗，在利川任地委书记，后在襄阳轴承厂任党委书记。"

（5）访后感受

临近分别之时，老人戴着抗战胜利纪念章庄严地向大家行了个军礼，看着他衰老的面庞，感慨万千，这是一个曾经叱咤风云的人物，虽然他老了，很多事情他都记不清楚了，但是他对年轻时那段抗击日寇的经历记忆犹新，那是他引以为豪的经历，是他终身难忘的经历。国家兴亡，匹夫有责，青年一代有理想、有本领、有担当，国家就有前途，民族就有希望！作为新时代的大学生，我们要铭记历史、尊崇英雄、传承精神、担当责任，珍惜现在来之不易的生活，认真学习，刻苦钻研，为中华民族的伟大复兴而奋斗！对于臧老，我们内心充满敬意；对于我们，定将柄前人之火把照亮未来之道路并向前不懈努力奋斗！

（6）老兵档案

臧家棋，男，1921 年 4 月 22 日出生在安徽省定远县的一个贫苦农民家庭，1939 年 1 月至 1941 年 8 月在定远十八岗乡任民兵队长。1941 年 9 月至 1942 年 5 月，打着赤脚偷跑出来参加革命，后在家乡联中学习 3 个月，再进艺术专业学校学习 6 个月（为文艺宣传队赶骡子）。1942 年 6 月至 1942 年 8 月在定远十八岗乡任乡长。1942 年 9 月至 1943 年 8 月从家乡带领 100 多名民兵加入新四军的 9 旅 13 团 7 连，任指导员，后调新四军 6 旅参加打坳峰的战斗，战斗中与日本鬼子 1 万多人展开激战，因寡不敌众，战斗失利。后调至新四军二师家属大队工作，带领家属大队 2 000 多人在洪泽湖地区打游击，圆满地将 2 000 多名军人家属送交曾山带领的部队。随后调到华东局大学第一班、中原大学第七大队、第二十一大队等单位工作，在校期间担任过班主任，执行过护送第七大队学员到淮海战役前线作战等任务。

1949 年 5 月臧家棋护送中原大学第二十一大队学员到武汉，做接收武汉的前期准备工作，武汉接收后，带领从华北、东北等地调来的地方干部接收恩施地区建始县，他时任中共建始县委委员、县委组织部部长兼宣传部部长。1952 年 12 月至 1953 年 2 月任来凤县人民政府代理县长，1953 年 2 月至 1953 年 7 月任来凤县人民政府县长。1953 年 7 月至 1953 年 11 月在中南党校学习。1953 年 12 月至 1955 年 7 月任中共建始县委书记。1955 年 7 月至 1958 年 4 月任恩施地委委员、宣传部部长，1958 年 5 月至 1962 年 7 月担任中共恩施地委委员兼利川县委书记处第一书记，后任利川地委书记，1972 年任襄阳轴承厂党委书记（正厅级），后离休在家。

## 远征军第五军 200 师抗战老兵——张培哲

走访人员：机械工程书院师生　　记录员：郑妍妍

（1）走访时间及地点

2018 年 9 月 26 日，湖北文理学院图书馆报告厅。

（2）受访对象

张培哲，男，1920 年 10 月 15 日生，汉族，湖北鄂城葛店人，远征军第五军 200 师汽车兵团战士。

（3）走访过程

抗日英雄、远征军第五军 200 师张培哲老前辈在图书馆报告厅作题为《聆听红色故事，传承革命精神》的爱国主义教育讲座。老前辈思维清晰，生动形象地讲述了参军之前的经历、在缅甸与日军展开斗争的经历，以及他对同学们的期望。

（4）老兵自述

张培哲老人讲述了参军之前在家乡葛店读私塾、务农和在汉口车站路保华洗染店当店员的坎坷历程，"那时候的我听到了《大刀进行曲》和

《义勇军进行曲》等抗日歌曲，热血沸腾啊，就想要投身军旅，为国效力”。

"远征军抗战胜利回国后，从云南腾冲到昆明，路的两旁全都是面露笑容的老百姓，大家拥在一起，欢迎归来的远征军"，说到这里，张老仍难掩激动的内心，难掩笑容。张老在缅甸亲身经历过炸毁惠通桥、穿越野人山、攻占密支那机场等一个个历史事件，他的很多战友在中华民族危急存亡的关头献出了自己宝贵的生命，正是那一股股的鲜血，才有了今天中华民族的自主和富强。

在互动环节，与会者踊跃提问，"您在国外作战是否听得懂外国语言？"张培哲老人随即用流利的英语说出了"The vehicle is ready，can we star？"与大家打招呼，在场师生响起雷鸣般的掌声。张培哲老人谈到他对同学们的期望。他勉励同学们，要努力学习，奋发图强，不忘初心，为国家作出贡献，让我们的国家繁荣富强。

（5）访后感受

99 岁高龄，思路依然清晰的张培哲老人不仅记忆力很好，时不时冒出的几句流利的英语也是让人赞叹。"我本是卧龙岗散淡的人，论阴阳如反掌保定乾坤。先帝爷下南阳御驾三请，联东吴灭曹威鼎足三分。"底气十足的张老即兴地为同学们唱了几句《空城计》，让人拍手叫好。唱完，张老给同学们讲了讲他那个时候的故事。张老当时是第五军汽车兵团第一连的，学驾驶两个月后赴滇缅公路运输弹药给养。那个时候开车并不容易，在沼泽地上搭木板，垫汽油罐在上面开好几公里的车，稍有不慎就会坠入沼泽，车开得心惊胆战。张老在讲故事的同时，还不忘鼓励同学们要好好读书，好好学习，争做祖国的栋梁之材。

"国家不可辱，要保卫自己的国家，保卫祖国，希望同学们为国家贡献一份自己的力量。"这是张老对同学们的寄语，也是每位党员，每位大学生都应有的觉悟。

（6）老兵档案

1928 年至 1930 年，湖北鄂州读私塾。

1930 年至 1934 年，湖北鄂州种田。

1934 年至 1938 年，汉口车站路保华洗染店学徒。

1938 年 9 月至 1939 年 3 月，独立工兵第二团，传达一等兵（团长：邱士深）。

1939 年 4 月至 1941 年 3 月，第五军汽车兵团第一连（团长：洪世寿）。学驾驶两个月后赴滇缅公路运输弹药给养。

1941 年 4 月至 1945 年，第五军汽车兵团独立辎汽六团司机（团长：洪世寿）。

1942 年赴缅甸路线：昆明—丁江—兰姆伽。

1945 年抗战胜利回国，提升为中士班长。

1945 年回国昆明龙云亲自设宴款待，各色鲜花置于门厅，任取一枝，以鲜花的颜色寻找相应的包间。

# 5.2 "光荣在党五十年，矢志不渝守初心"——书院实践活动开展的探索与实践

习近平总书记在中国人民大学考察时强调："广大青年要做社会主义核心价值观的坚定信仰者、积极传播者、模范践行者，向英雄学习、向前辈学习、向榜样学习，争做堪当民族复兴重任的时代新人，在实现中华民族伟大复兴的时代洪流中踔厉奋发、勇毅前进。"在习近平总书记重要讲话精神指引下，将大学生思想政治教育与书院红色实践活动有机结合起来，坚定理想信念、对标促进步，打好优良基础，助力高校在根本上实现立德树人的目标。

## 5.2.1 活动开展基础

（1）开展书院红色实践活动是学校进行学生思想政治教育的重要途

径，是学生传统、经典、重要的课外实践活动之一。本项活动具有的育人传统有以下几点。

①　具备丰富的育人经验。项目组具有丰富的校内外红色实践活动组织、开展经验，团队曾指导书院开展"寻访抗美援朝老兵""探访襄阳地区红色教育基地"等系列校外红色实践育人活动，开展"抄党章、忆初心""红歌大家唱""党史知识我来讲，红色故事我分享"等系列校内红色育人活动。

②　取得的育人成效显著。项目负责人担任班主任，曾带书院学生获得全省暑期"三下乡"优秀实践团队荣誉称号，市教工委颁发的"优秀共产党员""红旗党支部"荣誉称号。书院成员具备良好的道德情操和品德修养，具备丰富的阅历和较好的党性修养，书院继承弘扬又红又专、全面发展的育人传统，推进德智体美劳五育并举。

（2）活动开展前期已建设 4 个载体平台，分别为：

①　信息交互平台。项目组已搭建由襄阳市委老干部局、襄阳市人社局、襄阳日报传媒集团等单位为主的信息交互平台，为项目的实施提供详实可靠的信息。

②　实践育人平台。由学生组织——"石榴籽"志愿服务队、"一刚"孝老志愿服务队和社会慈善组织——襄阳市红十字会、草草义工协会组成的实践育人平台，对项目的开展提供具体指导。

③　价值引领平台。由具有丰富经验的多层次、立体化的党建方面专家和在公益实践项目方面颇有成效的实务工作者搭建的价值引领平台，从思想引导、管理服务、项目建设、具体实施、归纳总结等方面开展多角度、专业化的指导，为项目的开展提供保障。

④　后勤保障平台。由一批乐于从事公益事业的历届校友、爱心人士和企业搭建的后勤保障平台，为项目提供人力资源和物资帮助。

在学生层面，书院开展一系列党建活动，培养了一批具有创新意识、吃苦精神、踏实肯干、做事干练的学生党员、学生干部，发挥学生党员、学生干部在学生群体中的先进模范带头作用和宣传部门的优势，增强项目推进力和宣传效果感染力。

### 5.2.2　活动特色

（1）品牌特色。老党员为中华民族的崛起，为中国人民的独立，奉献了自己的青春和热血。现如今，他们大多已从自己原有的岗位上离休或退休，但是他们作为一名老党员爱党爱国、不怕牺牲、奉献自己、服务人民的精神值得我们当代青年大学生学习。开展以"光荣在党50年，矢志不渝守初心"为主题的书院寻访老党员红色实践学习活动，在践行"敬老爱老"传统文化的同时，对青年大学生进行一系列的爱党爱国教育。通过对不同岗位老党员们的寻访学习，挖掘国家建设亲历者背后的感人故事，采集珍贵的图片和影像资料。活动具有深受学生喜爱、参与面广、好评度高的特点，通过形式多样的宣教，让更多的同学悟思想、受教育。

（2）实践特色。项目的实践特色：一是参与者身临其境，受教育效果好。青年大学生逐一走访老党员，通过面对面交流的方式向身边的老党员学习，将党史学习教育、党性教育活动形式丰富多样化，老党员口中一个个生动形象的故事与书本上单纯的文字相比，让青年大学生更容易理解，留下深刻的印象，学习效果更好。二是收集资料用途广，教育途径丰富。通过项目开展收集、整理出的文字、图片、视频等教育素材通过画册、网络媒介呈主题、呈系列地对外发布，受教育群众广、影响范围大、传承性强。三是项目开展易复制，借鉴推广性强。项目立意新颖，结合时代特征，学生参与度高、可复制性强、易于推广，是书院理想信念教育的抓手，是汇聚书院凝聚力、丰富学生活动的重要载体。

（3）育人特色。获得"光荣在党50年"纪念章的老党员们爱党爱国、不怕牺牲、奉献自己、服务人民的精神，后辈人应永记于心。当代青年是同新时代共同前进的一代，通过项目活动教育广大青年要爱国，忠于祖国，忠于人民；要立志，立鸿鹄志，做奋斗者；要求真，求真学问，练真本领；要力行，知行合一，做实干家；要在奋斗中释放青春激情、追逐青春理想，以青春之我、奋斗之我，为民族复兴铺路架桥，为祖国建设添砖加瓦。通过红色实践活动的开展，将课程育人、实践育人、管理育人、组织育人、服务育人、文化育人和网络育人贯穿整个活动，呈现一个活动"七育人"的局面。

（4）成果及创新特色。活动开展过程中搜集襄阳地区的有代表性的获得"光荣在党 50 年"纪念章老党员的信息，结合学生专业特点，选择走访老党员，对每一位老党员的事迹进行记录，将老党员的光辉事迹以文字、图片形式汇编成《光荣在党 50 年，矢志不渝守初心》画册；采集每个寻访老党员过程的影像资料，制作寻访纪录片，通过网络媒体多渠道进行宣传，弘扬爱国主义精神；在学校、企业、社区等举办宣讲会，宣讲老党员事迹，对广大青年进行爱党爱国主题教育；邀请老党员到校举办"老党员讲坛"。

## 5.2.3　活动育人实效

（1）师生满意度、参与度及受教育效果。从活动发起至今，先后有 6 名教师和 48 位学生参与其中，项目发起人先后针对参与项目实施的师生作了一系列的问卷调查，其中包括项目参与满意度调查。调查发出问卷 54 份，收回问卷 54 份，满意度为 96.15%，针对收回问卷中反映的"所拍摄视频画质有待改善""受访人员信息建档规范性"等问题进行了项目组成员讨论，提出了具体的改进方法并实施落地。通过改进，活动效果得到大幅度改善，育人功效得到显著提升，部分参与项目的教师将老党员的故事结合所教课程，在课堂上讲给学生听，贯彻课程思政理念，勉励学生奋发向上，立报国之志；在参与项目的学生活动总结中常常写到的话是"我会将这次学习感悟转化为推动学习的动力源泉，将红色血脉和红色基因传承好、发扬好",老党员的故事也经常在学校举办的"红色故事会"中与更多的同学们分享。

（2）难点重点问题解决情况。① 难点问题与解决情况。一是老党员信息搜集、走访对象确定工作。在前期老党员信息摸排的过程中，通过人社局、社区确实得到了一些老党员信息，但是筛选出最终确定的访谈对象还是很有难度的，首先确定是否符合采访对象要求，其次明确哪些老党员身体条件良好，适合接受采访，再者设计好调查提纲，根据不同的受访对象进行提纲微调。二是访谈现场的采访工作程序把控。在访谈过程中，由于老党员岁数原因，采访时间尽量把控在 30 分钟之内，针对身体欠佳的老党员，采访时间相应缩短，为了快速把握住宝贵的采访时间，提前做好人员分工和排练是关键，通过多次演练，队伍采访能力进步明显。三是寻访受疫情条件限制。当时全国疫情呈现点多、有频发态势，给老党员寻访工作带来诸多不便，使得寻访工作覆盖面不够广泛。且老党员身体素质不一，对疫情背景下接受采访的态度不一，对课题开展的人力物力财力等资源存在挑战。在严格遵守疫情防控指挥要求，把安全健康放在首位的前提下制定采访路线，根据疫情发展情况适时推进工作，同时做好疫情情况突变的工作预案。② 重点问题与解决情况。一是明确寻访老党员的意义与活动目标。通过项目活动教育广大青年要爱国，忠于祖国，忠于人民；要立志，立鸿鹄志，做奋斗者；要求真，求真学问，练真本领；要力行，知行合一，做实干家。在践行"敬老爱老"传统文化的同时，对青年大学生进行一系列的爱党爱国教育；在奋斗中释放青春激情、追逐青春理想，以青春之我、奋斗之我，为民族复兴铺路架桥，为祖国建设添砖加瓦。二是充分做好采访流程安排与现场分工。采访前事先了解每个采访对象的基本信息，拟好提问提纲，做好记者、文字记录员、摄影摄像员、物资管理员等的分工和流程彩排，避免现场安排不紧凑、慌乱现象的发生。三是访后影音文字资料的整理归档工作。对现场记录的资料进行总结、凝练、归档。联系社会媒体宣传报道，组织撰写调研论文，撰写期刊论文，安排论文发表。布置展示板和宣传手册的制作和文字、音像资料汇编成集的工作。接洽老党员讲坛工作，对接高校和社会爱心组织，讲述老党员的光辉事迹，弘扬爱国主义精神，向老党员致敬。

（3）家长、媒体、同行评价情况。活动一经立项，便在书院群里作出招募，同学们参与热情高，书院宣传委员把每一期走访老党员的图文整理好发送给学院新媒体部门以推文的形式推送到各学生组织群及年级、书院家长群，家长朋友"刷屏"点赞成为常态，不少家长表示希望自己的孩子能够参与到项目中去，激励学生好好学习，早日向党组织靠拢。活动受到中新网、中国青年网、襄阳日报和校内媒体多次报道，多次作为典型案例在校内外交流，受到同行的肯定，同时，也听取同行们的建议，不断优化活动。

（4）项目所获荣誉及工作成果。活动获评校级"年度十佳实践育人项目"，团队获得全省暑期"三下乡"优秀实践团队荣誉称号，项目负责人被市教工委评为年度"优秀共产党员"，团队骨干担任学生党支部书记，带领党支部获得市教工委颁发的"红旗党支部"和"先进基层党组织"荣誉称号。该项目受到社会爱心企业关注，玉皇米业、立林教育为每一位受访的老党员赠送大米一袋、食用油一壶，社会反响良好。

## 5.2.4　活动推广价值

中共中央在 2021 年 3 月为党龄达到 50 年的老党员颁发"光荣在党 50 年"纪念章，是对老党员的无限敬意。几十年的革命斗争经历，老一辈党员为国家发展、民族进步贡献了重要的力量。以"光荣在党 50 年，矢志不渝守初心"为主题的书院红色实践活动意义重大，每一位老党员都是一本活生生的爱党爱国教科书，他们中有曾参加过解放战争、朝鲜战争的老兵党员，也有在广袤的农村大地上担任大队书记、妇联主任的基层村干部党员，有从祖国各地支援三线建设的老知识分子党员，也有艰苦奋斗、踏实肯干、立足于平凡岗位的普通老党员……老党员们为捍卫国家独立和民族尊严作出了巨大的牺牲，为新中国的建设打下了坚实的基础，为我们现有的美好生活立下了汗马功劳，他们立足岗位职责，践行使命担当。"光荣在党50年"是传承红色基因赓续精神血脉，纪念章的颁发不仅是把党组织的温暖传递到位，也是激励更多青年大学生向优秀老党员学习，学习他们对党绝对忠诚、全心全意为人民服务、矢志奋斗、甘于奉献的优秀品格。广大青年大学生应把"纪念章"背后蕴意牢记于心、外化于行，不忘入党时的誓言，坚持党的宗旨，时刻将奉献精神牢记心上，落实到行动中。强化责任意识，树立担当精神，始终做到为党尽责、为国奉献、为民分忧。通过开展书院红色实践活动，有以下三个促进作用。

一是促进学生党性修养的提升。通过实践使学生了解党史、国情，有助于加深对党的基本路线的认识，通过使学生接触人民群众，有助于他们加深对人民群众的了解，同人民群众建立感情，树立为群众服务的思想，通过与老党员们的学习交流，使老党员的精神得到传承，让更多的青年学子受到教育，向身边的榜样学习，树立崇高的理想信念。

二是促进学生业务素质的加强。通过红色实践活动，培养学生合理安排事务与解决复杂事务的能力，培养学生不断追求新知识的科学精神，激发学习的积极性和主动性，在活动中激发学生的学习热情，从而全面提高学生的能力。

三是促进学生社会化进程的完善。红色实践活动有利于大学生社会角度的转变，有利于提高大学生的工作能力，例如：人际交往能力、组织管理能力、应变创新能力等，有利于大学生树立正确的价值观，寻找自身发展与社会主义核心价值观最佳结合点。引导大学生发扬爱党爱国、不怕牺牲、奉献自己、服务人民的精神，进一步树立广大师生爱党爱国之心，筑牢报国之志，牢固树立为人民服务的思想意识，努力谱写中华民族伟大复兴中国梦的青春壮丽篇章。

## 5.2.5　活动成果展示

### 邓兴明：孩子们，你们一定要报效伟大的祖国

姓　　名：邓兴明

出生年月：1940 年 7 月 13 日

籍　　贯：湖北襄阳张家集镇

参军时间：1954 年 4 月

参军经历：1954 年 4 月入伍，加入文工团，后作为通讯员参加抗美援朝战役，1968 年 7 月加入中国共产党。

邓爷爷说他在年少的时候便从老兵口中得知热血的军旅生活，并对其充满向往。14 岁是他参军进入部队的年纪。爷爷说他依稀记得当时的他，个子不够，力量也不够，部队是不允许他参军的，但是班长被他的一股子倔脾气所打动，便跟在一个班长的身边。最开始的他是在文工团工作，虽然是在文工团，但是大家的行为作风却很好。他们行军时，不管队伍有多少人，身上背着多少东西，步伐始终整整齐齐。他说，他们当时背的东西多，非常的重，枪和行李是必备的。后来当上了通讯兵，因为他们总是需要转移阵地，生活更是艰苦，吃不饱是常有的事，一人一天只吃一餐，并且一餐只有一小碗，粮食要省着吃。有时他们会有压缩饼干，但是一旦遇到大雨，饼干被雨冲散就浪费了，不能吃了。

邓爷爷说印象最深刻的是他当通讯兵生死一线的时候。那次执行任务，他路过一片坟地，也被恰巧巡逻的敌人遇到了，敌人迅速向他围剿过去，边追边向他开枪。无情的子弹在他耳边飞过，急中生智，他将帽子摘下来，挂在坟头，然后借着坟头土堆的高度做抵挡，迅速翻滚到小路的另一边，在浓密的草丛掩护下逃跑了。爷爷说现在想起来，依旧是一阵后怕。奶奶也在旁边说，真是命悬一线，差一点就牺牲了。

邓爷爷还说，当时他和毛主席的儿子毛岸英在一个抗美援朝部队，他说，当时的战争非常残酷，敌人秉持着宁可错杀一千、不可放过一个的理念，对志愿军展开覆盖式轰炸，大家晚上睡觉时耳边经常能听到子弹飞过，炮火呼啸。毛主席将自己的儿子推荐给彭老总，送上战场，当时战士们听了都十分震惊，也很受鼓舞。美国空军轰炸机飞临志愿军司令部上空，投下了几十枚凝固汽油弹，才入朝仅仅一个多月的毛岸英同志壮烈牺牲。当时部队的人都大声痛哭，说着说着，爷爷眼泪便流下来了，声音也哽咽了起来。战争残酷，枪弹无眼，炮火无情，回想过去的烽火岁月，革命先辈以大无畏的牺牲精神，为中国革命事业建立了彪炳史册的功勋。听了爷爷的故事，我们向革命先烈表示更加崇高的敬意，永远怀念他们、牢记他们，传承好他们的红色基因。

过了一会，邓爷爷情绪稳定了下来，便主动教我们开枪的一些技巧。他说如果敌人向你冲过来，并且距离比较远的话，那么你的枪口需要离敌人的胸口朝上一点，那样才能打中敌人。他还说，打仗开枪不是乱开的，要根据情况来判断。还像我们演示了扔手榴弹的动作：打开手榴弹的盖子，用手绕完手榴弹的拉环，然后一拉，将手榴弹扔出去。从爷爷一气呵成的动作中，依然能感觉到爷爷年轻时候的意气风发，我们也不自觉地鼓起了掌。爷爷笑着说道，现在的国家强大了，大家的生活水平上升了，也不需要打仗了，但是这些本领不能忘记。自己现在老了，国家每个月都会给他补贴生活费，村子里的干部也会时常来看望他，他说自己现在只希望不给国家添麻烦，不给国家增添负担他就心满意足了。

邓爷爷说希望我们年轻一代，好好读书，报效国家。永远跟着党指的方向走，为人民办实事，永远把人民的利益放在第一位。

### 王伟：同学们，做一个有理想、守本分、奋发图强的人

姓　　名：王伟

出生年月：1927 年 12 月

籍　　贯：河南省中牟县

参军时间：1948 年 9 月

参军经历：参加革命后先是到中原大学学习，后被分配到第二野战军 16 军 46 师政治部工作，先后参加了渡江战役、解放中南、进军大西南、贵州剿匪和抗美援朝战争。

王伟出生于河南省中牟县一个书香之家。1948 年 9 月参加革命后，他先是到中原大学学习，后被分配到第二野战军 16 军 46 师政治部工作，后任原陆军 2 野 5 兵团 16 军军长秘书。先后参加了渡江战役、解放中南、进军大西南、贵州剿匪和抗美援朝战争。"经历过战争年代的艰辛，更加珍惜当下来之不易的幸福生活！"

1951 年初夏，部队接到抗美援朝的任务后，王伟坚决要求上战场。在朝鲜战场上，他 5 次与死神擦肩而过。其中两次，他距离爆炸点仅有 10 米。有一次，一枚炸弹炸毁了他东面的小草屋，紧接着，第二枚炸弹向他袭来。他赶紧趴在水里，捡回了一条命，听力却受到严重影响。"党员，不就是要冲锋在前，为人民服务吗？当兵，不就是要保家卫国吗？既然上了战场，就没想着活着回来。"王老说。

离休后，每过一次生日，王老都选择一个主题，在家宴上对子女们进行一次思想教育。除了在家宴上对孩子们进行口头教导，回家后，他又将多个问题进行深度剖析，一笔一画地写在信纸上，并从中浓缩出"家训口诀"："虚心好学，立德增才，遵纪守法，勤奋不怠，静心洁身，莫贪钱财，艰苦奋斗，自强自爱"这 32 个字，希望子女能牢记心间，身体力行，真正成为一个有理想、守本分、奋发图强的人。

弃笔从戎、渡江南下、进军大西南、抗美援朝……回忆过往，历历在目，字字入心。85 岁时，王老写下了回忆录《留给儿女们的记忆》，并请人打印成册，赠予儿女们。王老说，这本回忆录是他留给子女们的精神遗产，为的就是让后代记住当前的幸福生活是无数革命先烈用热血换来的，一定要懂得珍惜、懂得感恩。同时，作为年轻一代，要发扬艰苦奋斗的精神，坚持为人民服务。

王老有两个儿子、四个女儿，如今四代同堂。全家人中，有三个清华大学的博士研究生。谈起教育子女的秘诀，王老坦言，都是孩子们自己努力，他和老伴不过是为他们营造了一个良好的家庭环境罢了。

王老从小喜欢读书。在高中学习期间，他不仅学习了很多书本知识，还接触了进步思想。这为他后来弃笔从戎、投身革命奠定了基础。这些年来，王老的家中总是充满"书香""墨香"。读报、看书、写作，成了他最大的爱好。在他的影响下，王老的儿女们、孙辈们也比着学，看谁的成绩更好。

这本家书中，之所以在第二部分谈到"怎样对待竞争"的问题，王伟表示，他听说了孙辈们在职场和考试中遇到的困难，便想着用《天演论》中的"物竞天择"的观点，佐以事例，来激发他们的上进心，鼓励他们克服困难。

作为一名入党71年的党员，王伟始终严格要求自己，牢记为人民服务的初心。在家书的结尾，他这样告诉家人："我们要坚持自己的信念和远大理想，要以万里长征的精神，走好新的征程，给自己的一生画上圆满的句号。""千古温情寄尺素"，一封家书，纸短情长，凝聚着期许，传递着力量。

王老现在虽然年事已高，但还是在不断学习，他将自己写的家书《浅谈德才与学习》和《漫谈生存竞争和危机感》赠予我们。家书内容全是老人亲身经历，有感而发。老人不用自己的名字命名，而是用暮人，觉得自己已经是个老头了，没必要让年轻人看笑话，但是在我们看来这才是真正的老党员精神。"把人比作机动车，才能是发动机，品德是方向盘，方向错了，才能越好，其危害越大。在文明国家，都很重视德治和法治，德治和法治如机车的双轨，任何人都不能脱离轨道，谁脱离了轨道，将会付出代价，甚至身败名裂。"看着老人的文字，我们感触很深，老人的家教很简单，身体力行，做一个有理想，守本分，奋发图强的人。我们身为新一代党员，了解到身边优秀老党员精神，学习到他们的人生理念，这一趟我们觉得很有收获。

# 第6章　书院制视角下地方高校大学生特色党建实践案例

学生党建工作是学校党建工作的一个重要组成部分，是育人工作的重要内容和学生工作的"龙头"，是为党的事业培养高素质建设者和合格接班人的伟大工程，加强学生党建工作是引导青年学生健康成长成才和学校思想政治教育开展的有力保证。将学生党建与书院制建设有机结合，探索构建中国特色社会主义新时代背景下的育人模式，深入挖掘书院制视角下大学生特色党建的教育价值功能，着力培养青年大学生的社会责任感和奉献意识，提高青年服务国家水平，推动青年大学生在不断融入国家和社会中持续成长成才。

## 6.1　依托学生党员助力书院制建设

随着高等教育办学规模的不断扩大，学生的综合素质水平参差不齐，进一步加大了学生思想政治工作的难度，依靠班级来开展思想政治教育已经远远跟不上形势发展的需要。因此，探索一种新的、可行的、有效的工作模式，建立新的学生思想工作格局显得尤为重要。学生党员是大学生中的优秀分子，增强他们的党性，使学生党员切实发挥先锋模范带头作用。通过对学生党员提出具体的要求，让学生党员始终处于党组织和群众的监督之下，引导学生党员从身边的小事做起，从良好的行为习惯培养做起。同时，通过学生党员在以学生公寓为载体的书院制建设中发挥模范带头作用直接影响、辐射和带动书院的学生，采取切实可行的措施，从思想引领、创新创业、公益活动等方面带动学生寝室的整体建设，形成"管理育人、服务育人、环境育人"的格局。

## 6.1.1 依托学生党员助力书院制建设价值体现

学生寝室既是学生文化素质教育的重要阵地、构建和谐校园的重要载体，也是高校进行思想政治教育和发挥高校党支部战斗堡垒作用的重要阵地。学生党员作为学生团体中的优秀代表，是一个国家、一个民族的未来和希望。结合党员竞争意识强、上进动力足的特点，将党员的实践教育转变为书院制建设活动，激发学生党员主动学习党的知识的同时，发扬党员先锋模范带头作用，辐射和带动全院学生以爱国主义为核心，以学生党建为引领，以服务广大学生为宗旨，围绕"爱读书、爱运动、爱公益"的理念，开展大学生书院制建设，在发现、实现和呈现之间，进一步扎实推进思想政治教育进入学生宿舍，切实形成"管理育人，服务育人，环境育人"的格局。

（1）以书院制建设为载体提升学生党员的综合素养

在党员日常管理方面，围绕党员履责，组织开展书院学生党员"一个党员一面旗帜"活动，引导学生党员日常佩戴党员徽章亮明身份，在书院大厅设置党员展板（见图 6-1），公开党员信息和党务工作。学生党员围绕思想成长、学风引领、宿舍生活、服务同学等方面做出公开承诺、主动作为、接受监督。在书院环境建设方面，学生党员深入群众，仔细调研，发现书院制建设的不足，群策群力思考最优解决办法，以身示范，组织同学们一起努力将方案实现落地，服务广大学生。

图6-1 书院门头及大厅

（2）以思想引领为核心着力推进思想政治工作进书院

学生党员是学生团体中的优秀代表，其政治思想、个人素养在大学生中起引领作用、标杆作用和模范带头作用，影响着身边的群众。将党员的理论教育转变为实践活动，吸引学生党员身边更多的同学参与，结合学生竞争意识强、上进动力足的特点，激发同学们主动学习党的知识的积极性。始终以情感打动人、以情怀感染人，让同学们感之深、情之切、意之真。比如在红色教育、志愿服务等活动中，让同学们身临其境，接受现场熏陶，以感情上的触动达到灵魂上的升华。

开展书院"党史知识竞赛"、走访老兵、发现身边"闪光点"、参与"创文"值勤工作等系列主题活动，为学生党员、骨干和身边同学们提供了广阔的工作空间，提高了学生党员的政治责任感和党性观念，为同学们的党性培养提供了更为丰富、有效的渠道。同时，针对每名积极分子指定一名书院党员培养人，通过党员在公寓内学习生活中与入党积极分子较为深入的了解和沟通，从思想和行为上引导他们积极向党组织靠拢。

（3）以学生党员为示范激发书院学生的学习创造能力

以学生党员为骨干，组建团队参加各类学科竞赛，培养大学生的创新能力、展示大学生的创造风采，这是书院学生党组织着力开展的一项重要活动，由专业老师提供技术指导，学生党员带头参加并动员广大同学积极参与，取得了显著的成就，既为书院和院系赢得了荣誉，也使学生本人得到了锻炼。推进学生党建工作融入学科竞赛，以党建促教学、以党建促管理、以党建促发展，将学生党建工作全面落地。以学生党员为核心，通过"先进"带动效应，活跃寝室学习热情，激发科技创新、学习创造活力，书院文化得到了优化和提升。

## 6.1.2　书院建设的理念思路

寝室创建目标："静、敬、净、竞"。"静"即保持安静，"敬"即相互尊敬，"净"即寝室干净，"竞"即标新竞异。

书院建设目标："五维育德"，即：以德育德、以智育德、以体育德、以美育德、以劳育德。

书院建设措施："六大计划"，即：以培养勇于担当与服务国家的能力为核心的思想引领计划；以培养理性批判与独立思考的能力为核心的学术拓展计划；以培养强健体魄与和谐身心的能力为核心的身心健康计划；以培养人文情怀与艺术审美的能力为核心的文化涵养计划；以培养创新思维与社会实践的能力为核心的创新实践计划；以培养领袖意识与团队协作的能力为核心的卓越人才计划，见表 6-1。

表 6-1　书院"六大计划"项目表

| 五维育德 | 六大能力 | 六大计划 | 主题 | 主要项目 |
|---|---|---|---|---|
| 德育德 | 勇于担当与服务国家的能力 | 思想引领计划 | 核心价值观 | 新生入学教育，参观格桑花展厅和校史馆 |
| | | | 隆中精神 | 草庐剧场晚会，师生交流平台，实地畅游隆中 |
| | | | 生活德育 | 千名教师访万名学生，寝室大走访，我为师生办实事 |
| | | | 朋辈交流 | 助班、驻班党员交流会，学生结对子 |
| | | | 学业辅导 | 千问计划，参观实验室，大师讲坛 |
| 智育德 | 理性批判与独立思考的能力 | 学术拓展计划 | 学术提升 | 卧龙学术训练，专业解读及前瞻 |
| | | | 宗师问道 | 师生结对子，书院大咖秀，问道隆中山 |
| | | | 线上学习 | 线上科普，线上班会，线上讲堂，线上课程，假期线上辅导活动 |

续表

| 五维育德 | 六大能力 | 六大计划 | 主题 | 主要项目 |
|---|---|---|---|---|
| 体育德 | 强健体魄与和谐身心的能力 | 身心健康计划 | 心灵家园 | 定向活动，健心活动，心理健康教育 |
| | | | 阳光体育 | 迎新杯体育赛事，趣味运动会，"万人徒步"，冬日阳光长跑 |
| | | | 美好生活 | 生活安全教育，寝室文化建设，最美寝室照评比活动 |
| 美育德 | 人文情怀与艺术审美的能力 | 文化涵养计划 | 国风雅韵 | 包粽子大赛、猜灯谜、月饼制作、"我和我的祖国"活动 |
| | | | 书香机械 | 书院图书角，读书笔记大赛，科技论文、毕业论文辅导 |
| | | | 书院文创 | 金话筒主持人大赛，书院书画大赛，优秀笔记展示 |
| | | | 生活文艺 | 校园歌手大赛，金秋游园会，迎新晚会，元旦晚会 |
| 劳育德 | 创新思维与社会实践的能力 | 创新实践计划 | 生涯导航 | 职业体验，定向参观，生涯决策与管理 |
| | | | 实践实训 | 志愿服务，社会实践，暑期"三下乡"，青马井冈行 |
| | | | 国际视野 | 学术交流，游学项目，国际交换生 |
| | 领袖意识与团队协作的能力 | 卓越人才计划 | 团队协作 | 学生干部培训会，素质拓展 |
| | | | 校园治理 | 寝室文明，学校公共事务管理 |

鼓励引导学生塑造灵魂，增长才干，强健体魄，健全人格，展示青春活力，将自己打造成堪当历史重任的有用之才，培养全面发展的社会主义合格建设者和可靠接班人。

书院文化建设：书院"四爱"文化建设，即"爱国家、爱读书、爱运动、爱公益"主题书院文化建设。

（1）以思想引领建设"爱国家"为主题的书院文化

爱国主义是中华民族的优良传统，是中华民族5 000年来生生不息，立于世界众多民族而经久不衰的强大精神力量，爱国主义是凝聚中华民族团结一心的一面旗帜，是推动中国社会历史发展产生诸多伟大成就的坚实力量，是培养社会主义未来的建设者、接班人的必然要求。大学生作为社会中最具有活力的一支先进力量，培养爱国情感、提高爱国素养和自觉，具有跨时代意义。

开展爱国主义实践活动，例如："参观革命纪念地，感受历史，树立崇高理想"实践活动，通过深入革命老区，红色革命纪念地，身临先烈战斗过的地方，体会当年革命先烈战斗之艰辛，感悟今日幸福生活来之不易，激发大学生爱国之情，报国之志。"寻访抗战老兵、老党员"系列活动，通过走访抗战老兵，听老兵、老党员讲述当年的故事，由历史的亲历者讲出的历史故事更为真实、亲切，通过活动凝聚当代青年大学生奋发向上的正能量，进一步增强青年大学生勇挑重任，敢为人先的责任意识与担当意识。

开展红色经典品读活动，如："品红色经典，筑梦新时代"红色经典品读活动，通过阅读红色书籍，重温初心，通过读后感评比大赛、红色故事分享会等形式作为活动成果展示的载体，增强大学生对爱国主义的深刻理解，继承光荣传统，弘扬民族精神。"党史知识竞赛"活动，通过学习竞赛普及党史知识，营造比学赶超氛围，引导大家加深对党的历史的理解和把握，激发爱党爱国热情，坚定报国之志，增强坚定走中国特色社会主义道路信心。

大学生的可塑造性强，具有扎实的学识基础，在社会主义的建设中起到中坚力量，因此，大学生的学习应该是全面的、系统的、富有探索精神的，既要抓住学习重点，也要注意拓展学习领域。开展以"爱国家"为主题的活动，就是要进一步树立广大师生爱国之心，筑牢报国之志，牢固树立为人民服务的思想意识，努力谱写中华民族伟大复兴中国梦的青春壮丽篇章。

（2）以书香底蕴建设"爱读书"为主题的书院文化

为深入推进习近平新时代中国特色社会主义思想进教材、进课堂、进头脑，学习宣传贯彻党的二十大精神，推动立德树人根本任务落地见效，激励更多学生参与阅读，教育学生养成爱读书、会读书、好读书、读好书、善读书的良好习惯，助力书院建设，不断增强书院文化的底蕴和感染力，在全院学生中开展以"爱读"为主题的系列活动。坚持不懈用习近平新时代中国特色社会主义思想铸魂育人，把开展读书活动作为一件大事来抓，以"爱读书"系列活动为载体，培育尊重知识、崇尚文明的阅读理念，丰富广大师生的书院文化生活，引导大学生厚植家国情怀，提高创新能力，增强报国本领，养成终身学习习惯，提升书院文化品位，促进书院精神文明建设和高质量发展。

开展经典阅读品牌活动，如："教授的精选书单"好书推荐活动，学校领导和教授推荐经典好书及专业图书，引导学生阅读经典，领略经典好书的魅力。"好书共读"学生社区读书分享活动，为更好地推广经典，给读者搭建阅读交流平台，形成进取、互学、分享的氛围，以个别读者的读书行为引领更多读者形成良好的阅读习惯，在学生社区开展共读式、分享式、互动式阅读分享会。"共享悦读"微书评荐书推广活动，围绕教授推荐的书单中的任意一部或多部阅读，并根据所选图书内容撰写"微书评"，弘扬正能量，坚持正确的政治方向和舆论导向。

开展马克思主义经典和中华优秀传统文化经典传承活动，如："典耀中华"——诗词大会，紧紧围绕中华优秀古诗词，通过"个人必答题""抢答题""挑战多宫格""飞花令"等环节，进一步领略中华优秀诗词文化，让沉淀历史的美好情怀永驻心中。"典耀中华"——图像设计、绘画摄影征集活动，紧紧围绕中华优秀传统文化，面向全院师生广泛征集绘画、摄影等各类型优秀作品，创作内容贴近现实，表达真挚感情。"典耀中华"——朗读者第四季活动，举办歌咏、朗诵等活动，引导学生了解中华优秀传统文化，增强文化自信，凝聚当代青年大学生奋发向上的正能量，进一步增强青年大学生的责任意识与担当意识。"典耀中华"——英语演讲比赛活动，围绕党的民族理论、民族政策和社会主义新型民族关系相关知识，开展"用世界语言讲中国故事"主题英语演讲比赛，引导当代大学生铸牢中华民族共同体意识，树立"中华民族一家亲，同心共筑中国梦"理念。

开展经典推广特色活动，例如："书香润书院"——书香书院建设推进活动，通过举办"书香书院"建设成果展，召开书院建设研讨会，进一步加强书院文化建设、促进优良学风形成、促进学生成人成才。"襄阳好风日"名人专题艺术展，整理汉水文化、三国文化、楚文化及本土文化名人图书及作品，并设专架集中展出，通过作品推介让读者了解襄阳的厚重历史、文化底蕴与文学成就。"阅读愈心"——21天习惯养成活动，依托21天习惯养成活动，组织开展阅读分享、美文摘抄、翰墨会友等系列心理沙龙活动，以阅读疗法维护和促进大学生心理健康，进一步丰富书院心理健康教育活动形式，不断提高学生心理健康素养。数字技术推动全民阅读专项行动，充分发挥"国家智慧教育读书平台"赋能学生学习、教师教学、学校管理、教育研究、教育国际交流的作用，教育引导学生进入平台、熟悉平台，实现数字阅读资源在学生当中全覆盖，能够通过平台时时学、处处学，依托数字技术推动阅读从校园走向社会，构建以教育数字化支撑全民终身学习的良好格局。

开展"智慧书院"建设，在不改变书院现有框架的基础上，通过查阅书籍、学习创造、巧妙利用机构设计提升书院空间利用率。创建书院自习室、书香长廊。图书角是学校图书馆的补充，学生把自己暂时用不上的图书放到书院书香长廊，供同学之间随意取阅，互相交流，阅读完毕同学们将书放回到图书架上，供他人继续阅读，实现资源共享，如图6-2所示。

图6-2　依托学生社区建设书院书廊

（3）以体育活动建设"爱运动"为主题的书院文化

著名体育教育家约翰先生曾说过："体育是现如今培养健全人格的最好方式。"体育在塑造情操、启迪智慧和波澜壮阔的生活，培养团结、合作、坚定、奉献和友谊的精神，弘扬民族精神，培养人们的意志品质、自信心、心理调节能力和健康生活方式等方面都充分发挥着积极作用。

在书院开展"归队计划"，即每个人选择加入一项体育运动小组。学生党员牵头带领所有寝室成员参与归队计划，书院开展足球赛、篮球赛、排球赛、网球赛、乒乓球赛、羽毛球赛等。深化体育运动俱乐部建设，完善硬件设施，提供活动场地，各运动小组指派小组领队老师，组织各类运动兴趣小组的活动开展，邀请体育学院专业教练对学生活动的开展提供专业指导，设计更多形式多样、参与人数多的趣味比赛。除了积极参与学校的秋季运动会，书院还开展了春季趣味运动会，"迎新杯""卧龙杯"篮球赛，"隆中杯"足球赛，"书院杯"乒乓球赛等赛事，引导青年学生广泛开展健身活动，在体育活动中享受乐趣、增强体质、健全人格、锤炼意志，促进全面发展。

（4）以实践活动建设"爱公益"为主题的书院文化

开展以帮扶为重点的公益活动，如："金色夕阳"爱老助老活动、困难帮扶"一对一"关爱老人活动，敬老、爱老、助老是我们每个人的本分，更是中华民族的传统美德，是先辈们传承下来的宝贵精神财富，这是我们民族的灵魂。学生志愿者走访养老院，通过实际行动让孤寡老人感受到社会大家庭的温暖，让青年大学生学会敬老、爱老、助老的优良传统，也为构建美好社会打下坚实基础。

开展以义教为重点的公益活动，例如：鼓励学生加入学校的"格桑花""雪莲花"支教团队，前往西藏琼结县、新疆精河县进行为期半年的支教工作；鼓励学生加入书院的"雏鹰"支教团队，利用每年暑期深入山区、农村进行支教活动，促进大学生的人际交往能力，通过与当地教师、学生和学生家长建立联系，大学生们能够更好地了解当地文化和风俗习惯，提高自己的人际交往能力和职业素质。同时，通过学习尊重和包容不同的文化和价值观，大学生们能够提高自己的人际交往能力，珍惜学习机会，提升责任意识，增强个人自信。

开展以实操为重点的公益活动，例如："十元钱、千分爱"活动，要求学生以不到十元钱的成本，去实现身边人的微小心愿，做一件让他人感动的事情。通过活动使每一个人都能成为爱的感受者、践行者和传播者。"七彩童年·爱心盒子"活动，在书院范围内发起为留守儿童和福利院的孩子准备"爱心盒子"的活动，同学们捐献的毛绒玩具、笔记本、绘画作品、小零食等物品，放在一个个单独的爱心盒子里，送给孩子们，鼓励同学们一对一地联系、关心一个孩子，为孩子们的童年送去七彩的记忆。

品质优秀、综合素质好、有开拓精神、热心助人的学生党员通过书院制建设融入到以学生宿舍区为载体建设的书院基层中去，以朋辈的身份，走进学生中间，用他们的有益经验、知识技能和热心奉献的精神，帮助同学解决生活适应、心理调试、党团建设、职业规划、专业学习、人际交往等各方面的问题，从而逐步建设以"爱祖国、爱读书、爱运动、爱公益"为主题的"四爱"书院文化，形成"管理育人，服务育人，环境育人"的局面。

# 6.2　依托书院创建学生样板党支部

学生党支部以党的路线、方针和政策为指导，紧密围绕学校党委的工作总体思路，立足党员队伍建设和教育管理，认真实施党性实践活动。突出加强党的基层组织建设、充分发挥基层支部的战斗堡垒作用，在教育管理、创新实践、社会服务等方面有独特的优势，将书院与学生党支部建设相融合，打通思想政治工作的最后一米，为立德树人、精益创新提供了组织保证。

## 6.2.1　建设理念及思路

书院立足于中华优秀传统文化传承和发展，将学生党建工作与弘扬"淡泊明志、宁静致远、躬耕苦读、鞠躬尽瘁"的隆中精神相结合，实施"隆中山下党旗飘"学生党建工程，大力开展"明志"行动，深入开展"躬耕"行动，持续开展"致远"行动。

（1）大力开展"明志"行动，让党旗在学生心中飘扬，教育学生明确志向、志存高远，坚定信念向党组织靠拢。一是规范支部组织建设，强化党员教育管理。持续推进党支部标准化规范化建设，健全完善党支部"三会一课"制度、组织生活会制度、主题党日制度、谈心谈话制度、民主评议党员制度等，制定《书院党支部入党积极分子积分考核制度》《书院师生党员交流平台建设方案》《支部书记讲党课制度》，通过规范支部组织建设，逐层建立责任制，实行目标管理，形成有人抓、有人管、有人组织、有人实施的"四有"格局。依托书院党校教育资源，加强支部理论学习中心组建设，充分发挥思政课教师、党务人员、政工人员的主渠道作用，讲全、讲深、讲透红色课程，使支部成员、党校学员有收获、有感悟、有成效、有行动。基本形成了党委主导、学生党员示范、广大学生参与的青年理论学习工作格局。二是强化青年理论武装，提升价值引领实效。集中开展"两学一做"学习教育，党史学习教育，为党员配置《习近平谈治国理政》《中国共产党简史》《习近平与大学生朋友们》等书籍，举行专题读书班、座谈会，对学习效果通过问答、谈话、测试题等形式进行评估。开展"四个合格"教育活动，严肃党内政治生活，严明党的政治纪律，以从严治党带动从严治班、从严治教、从严治学。开展党建文化节，宣传党史、党情、党规，将党建活动融入学生活动中，构建"党建带活动、活动促党建"的格局。将党建活动与时政活动相结合，在党的全国代表大会召开期间、建党纪念日、抗战胜利纪念日、国庆节、抗美援朝纪念日等重要时间节点，通过宣讲、座谈、征文、演讲、观看视频等形式，开展红色主题教育。三是突出党性教育特色，创新党性教育方式。为了端正学生入党动机，培养学生党性修养，每年的暑假，支部书记和全体党员、入党积极分子一起开展"手抄党章 20 天"活动。将此作为党性教育的暑期作业，通过抄党章增强学生对党的了解，坚定入党初心，明确努力方向，不断升华对党忠诚的党性修养，引导党员强化政治意识，保持政治本色，坚定对马克思主义的信仰，坚定对中国特色社会主义和共产主义的信念。搭建"师生党员交流平台"，即每一名学生党员和一名教工党员结对子，通过开展师生共学党章、学党史，学生支部与教工支部联合开展主题党日活动、社会实践活动，使学生党员与教工党员紧密联系在一起，学生党员向教工党员学习，发挥教工党员先锋模范带头作用。开展"发现身边的 100 个闪光点"活动，善于及时发现身边的"闪光点"，善于向身边的"光源"学习，如图 6-3 和图 6-4 所示。开展走访革命前辈活动，通过实地走访，在学习抗战老兵身上不屈的民族意志和勇于担当崇高精神的同时，发自内心地关心、关爱、关怀老前辈，联系社会爱心企业为他们送去慰问物品和资金，解决部分老兵生活条件艰苦，居住环境硬件设施损坏、缺失的问题。组织书院学生深入井冈山开展"青马班"教育活动，通过现场实地教学让党员、学生干部深入革命老区接受红色文化教育。联合教工支部、研究生党支部、社区党支部一起开展主题党日活动，学生支部向其他支部学习，增强党性教育和组织的凝聚力。

图 6-3 "发现身边的 100 个闪光点"活动案例

图6-4　"发现身边的100个闪光点"活动案例

（2）深入开展"躬耕"行动，让党旗在书院飘扬，引导学生自我教育、勇于践行，创先争优为党旗添彩。一是以学生党建为抓手，推动寝室文化建设。学生寝室是大学生思想政治教育的重要阵地，书院以寝室文化建设为抓手创建"寝室党建文化"，提出"五维育人"和"六个家文化"，凝聚人心。充分发挥党员朋辈引领作用，在学生宿舍建立"寝室—党员—辅导员"的党员帮扶机制，即一名党员联系一个宿舍，一名党员帮扶一名"四困"学生。重点进行寝室学风建设、学科竞赛和学业指导，协调处理宿舍关系、宿舍卫生；帮扶心理问题学生走出阴霾，帮扶学业困难学生学好专业，对于异常问题及时上报学院，协助处理，守住安全底线，促进学生发展。支部党员为了突出寝室的休息功能，出台了《书院寝室管理条例》和《书院党员寝室巡查制度》，组织党员成立书院巡查小组，针对书院学生日常生活安全隐患进行排查，登记巡查中发现的问题，为问题的解决提供帮助。组织开展"叠被子大赛"，促进书院文化建设、培养学生之间的协作能力、增进室友之间的友谊。二是强化学生党建引领，助推学科专业建设。书院学生支部将学生党员的个人发展与支部活动相结合，鼓励党员、群众积极参加校内外各类学科竞赛，邀请校内、校外学科竞赛方面专家学者来校开展学科竞赛指导讲座，邀请往届学生中创新能力突出的学科竞赛达人为新人作指导，引导学生党员积极参加各类机械专业学科竞赛，支部通过层级指导，发挥学生党员的先锋模范作用和同辈教育影响力，促进学生的自我管理和自我教育，不断形成逐层示范、督促、帮扶的"传帮带"体系，从而以点带面，带动班级、书院宿舍其他同学参加学科竞赛，以党建促进专业发展，以竞赛促进能力提升，从而提升组织的凝聚力和组织力，促进学生整体的创新实践能力提升，同时将学科竞赛成绩纳入学生支部党员发展考核指标，对在学科竞赛中取得突出成绩、作出突出贡献、起到模范带头作用的学生推荐发展时优先推荐。围绕提升学生创新实践能力开展党建，以党建促进创新实践发展，书院每年评定优秀学科竞赛团队，树立为勤奋学习、实践创新的典型，号召支部党员和全体学生向先进看齐，树立勤学乐思的优良学风。三是大力树立教育典型，发挥党员示范作用。书院发挥育人功效，培养了一批模范典型，如：团中央候补委员程威、"长江学子"李涵、"自强之星"后家树、"创业之星"曹玉传等一大批优秀学生典型。邀请优秀学生典型在书院开设"党员微讲座"，讲述自身学习经历和先进事迹，开展朋辈教育，发挥引领作用，邀请杰出校友党员返校交流成长体会和成功经验。

（3）持续开展"致远"行动，让党旗在社区、农村飘扬，激励学生追求卓越、乐于奉献，服务社会传递正能量。一是突出党建实践育人，做到支部教育有力。通过加强学生党支部建队，在书院范围进行宣传，号召学生党员牵头带队，引导学生党组织、学生党员在"三下乡"社会实践中作贡献，确保每年"三下乡"社会实践活动有党员参与的团队数不少于团队总数的60%，以学生党支部牵头建立"书院实践育人基地"和"书院劳动教育基地"，每学期组织学生党员到两个基地，进行不少于10天的基层实践锻炼，深入农村、社区、企业等基层一线开展生产劳动、社会调查、民宿体验、参观考察等。优化学生党组织实践活动方式，加大实践锻炼在党员评议和考核中的比重。二是发扬志愿服务精神，传递向上向善力量。支部通过开展如"周末义教"关心留守儿童的志愿活动，使每一位参与者都能成为爱的感受者、践行者和传播者，通过参与市创文志愿者、襄马志愿者等公益活动，发扬"奉献、友爱、互助、进步"的志愿服务精神。在疫情期间，通过学生党支部成员组织，通过书院动员，书院学生党员全员参与防疫工作，在他们影响下多名同学向各慈善组织、机构捐款。抗疫期间涌现出一批先进典型，在关键时刻，他们挺身而出，积极响应党和国家的号召、服务社会、服务群众、扛起一个党员的担当，他们身体力行、脚踏实地地践行社会主义核心价值观。

## 6.2.2　建设途径与措施

（1）强化政治理论学习，加强党员教育管理。严格规范党内政治生活。坚持"两学一做"学习教育常态化，坚持"三会一课"组织生活规范化，坚持"三制度两严格"，即坚持谈心谈话制度，坚持政治理论学习制度，坚持书记上党课制度，严格党内组织生活请假，严格审查党员发展流程。开展党内民主评议，注重痕迹管理，加强督查检查。依托以学生社区为载体的书院空间，打造党员活动室、会议室、展览室，支部开展工作有了场地保障，时间利用上也更为充实。

创新党性培养教育方式。开展"手抄党章"、品读《中国共产党简史》等党建教育活动，明晰入党初心；每个新生寝室配备一名驻寝党员，指导开展寝室的学习生活工作。高年级学生注重理论学习、党史学习，开展搭建"师生党员交流平台""青马班"等党性培养实践活动，通过实践提升育人效果，凝心聚魂。

（2）发挥先进带头作用，增强创新实践能力。习近平总书记指出："青年是社会上最富活力、最具创造性的群体，理应走在创新创造前列。"通过党员先进典型模范引领作用，促进书院学生的学科竞赛水平发展，以湖北文理学院机械工程书院为例，自 2011 年至 2023 年，书院学生荣获各种省级、国家级学科竞赛奖项占全校的 30%以上，参与学科竞赛获奖学生中党员、预备党员和入党积极分子的人数占支部总人数的 96%以上，中国高等教育学会于 2018 年发布的中国高校创新人才培养暨学科竞赛评估结果，湖北文理学院取得湖北省排名第 4 名，全国第 84 名的好成绩。党员是一面旗帜，发挥榜样的力量。三年来，书院的学生党员累计发表论文 80 余篇，获得省级以上学科竞赛奖项 130 余项，授权发明专利 3 项、实用新型专利 35 项、各级创新创业项目立项 26 项，考取研究生 117 人。在先进典型的带领下，学生的学习及科研能力得到极大提升，书院"知机至械，求是索新"的学风逐步呈现。学生党员脚踏实地、埋头苦干的作风，锐意进取、勇于创新的工作精神赢得了用人单位的一致好评，书院学生的就业率连续三年全校第一。

（3）提高政治思想站位，增强社会服务意识。大学生作为服务社会的先锋队，肩负着铸就伟大中国梦的重任，更应肩负起历史使命，承担起社会责任，要树立起社会服务意识，真心服务于他人，全面服务于社会、服务群众，密切联系群众，积极发动群众的力量，不断提升服务群众的能力。支部充分发挥学生党员在学生群体中的服务及引领作用，带领广大学生投入社会实践，培养大学生社会服务意识，在服务中得到能力的锻炼和提升，在服务中补足"精神上的钙"。

深入学生寝室，服务身边同学。充分发挥党员朋辈引领作用，建立党员帮扶机制和党员寝室巡查制度，促进寝室文化建设。深入人民群众，自觉服务社会。学生党支部从支部书记到支部普通党员，始终注重将个人政治素质提升与服务社会相结合，充分发挥支部战斗堡垒作用。通过组织丰富多彩的实践活动，弘扬中华传统美德，广大师生进一步树立爱国之心，筑牢报国之志，锐意进取，勇于创新，紧密团结群众，牢固树立为人民服务的思想意识。

## 6.2.3　建设目标与成效

（1）明确建设目标，落实建设要求。不断创新和完善活动形式和内容，让党建工作在书院"生根"。支部工作融入大学生教育、管理、服务、日常生活的各方面、各环节，开展个性化、多样化的主题活动，提升党建工作亲和力与有效性。

做好党建的总结工作，让党建工作在书院"发芽"。提炼工作亮点，将阵地建设、活动开展中呈现的精彩亮点和具有显著成效的环节加以挖掘，形成项目建设的实践特色。

整理活动中积累的经验做法，让党建工作在书院"开花"。党建活动结束后将积累的经验加以整合完善，形成一套可视化的方法文案，以便为其他院校开展类似活动提供可复制、可参考的模板。

搭建立体化传播渠道，让党建工作在书院"结果"。通过线上有效依托微信、微博等新媒体，线下深化活动、纸媒、海报、宣传册等载体，多点齐发，积点成线，进一步促进本支部的理念品牌的影响力，让各具特色的党建品牌大放异彩，激发学生支部的党建活力。

以增强政治性、提升组织力、夯实基础性为目标，牢固树立"党的一切工作到支部"的鲜明导向，把思想政治工作落到支部，把从严教育管理党员落到支部，把群众工作落到支部，切实做到"七个有力"，力争将学生党支部建设成为教育党员的主阵地、团结群众的坚强核心、攻坚克难的强大堡垒，使广大学生党员成为有理想、有追求、有担当、有作为、有品质、有修养的"六有大学生"的表率，学生党员先锋模范作用得到充分发挥，做到任务落实到人，强化管理，积极行动，团结协作，较为圆满地完成党建工作样板支部项目的建设任务。

（2）切实做到"七个有力"的建设成效。教育党员有力，突出政治功能，党员教育扎实有效。为深入推进"两学一做"学习教育常态化、制度化，"三会一课"制度规范落实到位，结合党建工作安排，每月至少组织开展一次支部主题党日活动，每次活动必有主题、必有内容、必有重点、必有反馈。始终把政治建设摆在首位，始终用习近平新时代中国特色社会主义思想武装党员头脑，教育党员增强"四个意识"、坚定"四个自信"，做到"两个维护"。结合支部特点，根据实际情况，积极开展多种形式的支部主题党日活动。

管理党员有力，加强支部常规管理工作，增强党员先锋模范作用。严格按照党员标准和程序进行发展。按照本人主动及时足额缴纳党费的原则，支部成员都按时缴纳党费，严格落实了党费收缴、使用和管理工作。结合"党员先锋岗创建"活动，教育引导学生党员在平时工作生活中亮出党员身份，树立先锋形象。

监督党员有力，加强党风建设，提升党员形象和公信力。一是及时传达学习有关党风建设方面的文件，使党员入脑入心；二是组织全体党员观看党风建设教育片，使全体人员自觉增强"四个意识"、坚定"四个自信"、做到"两个维护"；三是充分发挥群众监督、纪检监督、党内监督作用，督促全体学生党员强化自律意识。支部每年开展一次专题组织生活会和民主评议党员活动。按照会前学习习近平总书记系列重要讲话精神，深入开展谈心谈话活动，找准问题，找到对策；会中端正民主生活会的会风，提高批评与自我批评的质量；会后做好材料收集整理的安排，大家敞开思想，畅所欲言，解剖分析，达到红红脸、出出汗的效果，提升党员的形象和公信力，增强支部的战斗力和凝聚力。

组织学生有力，加强组织领导，带动全体学生投入学习工作。以加强团队组织领导，提升党性修养、学科竞赛、科学研究和志愿服务能力为基本目标。积极落实学生思想工作任务，加强学生思想政治工作的针对性和亲和力，最大限度地把学生组织起来，引导带动学生积极投身到教学、科研和社会服务等中心工作中，发挥机械学科优势，注重人才培养。

宣传典型有力，加强政治宣传工作，引导师生建立正确的人生观和价值观。通过支部活动阵地建设、组织集中学习、集中观看《习"语"近人》等专题视频、采用讲党课、新闻稿件和新媒体平台等形式，注重典型培养宣传，持续推进"发现身边的 100 个闪光点""走访光荣在党 50 年优秀老党员"活动，引领学生听党话、念党恩、跟党走，树立正确的人生观、世界观和价值观。加大支部环境建设，注重支部氛围营造，积极推进支部内涵建设，提升支部标准化规范化建设，加大对外宣传力度和品牌建设，提升支部的影响力和美誉度。

凝聚师生有力，加强内涵建设，提升支部凝聚力。教育引导支部党员向教师党员学习，通过一系列学习活动，把思想价值引领和社会主义核心价值观培育践行贯穿师生专业课实践教学、社会实践活动、创新创业教育、志愿服务等过程。建立"党员导学"制度，推行为学生专业学习、社团活动、创新创业配备学生党员和党员导师、学生加入教师科研团队等措施，在教师和学生之间搭建"师生党员交流平台"，加强师生间的日常交流和沟通，引导和帮助学生学会学习、学会研究、学会做人。实施"周末讲坛"计划，邀请党建专家学者、优秀校友来支部讲学、讲课和作专题报告，开阔学生学科专业视野，了解学科专业前沿动态和创新现状。继续做好"三早"计划，鼓励学生早进团队，早进课题，早进实验室，支持学生参与教师科研活动或自主开展科研，培养学生创新意识和科研能力。大力支持学生课外学习兴趣小组活动，实现课内与课外、科研与教学的有机联系。

服务师生有力，加强服务意识建设，健全帮扶机制。进一步创新服务载体。大力推行支部党建党务工作服务学院中心工作，注重学生党员理论水平教育，提升科研水平，增强服务实效。深入开展岗位奉献活动。开展"支部结对"活动，组织学生支部同教工支部一同开展红色故事会、学科竞赛经验分享讲座、社会志愿服务活动经验分享等活动，努力提升业务工作水平。支部党员充分履行"全心全意为人民服务"的根本宗旨，深入寝室和班级了解和掌握学生思想动态，努力为学生解疑答惑、解难帮困。大学生党支部与教师党支部结对的组织生活形式，不仅能够让教师党员更加关心学生、帮助学生，参与到学生思想政治教育工作中，还能够让学生党员在教师的正确引领下，学会帮助他人的方式和方法，让学生党员在践行全心全意为人民服务宗旨的同时，学会帮助他人的本领和技巧，增强大学生党员的责任意识，增强学生党支部的战斗力、凝聚力和影响力。进一步完善服务机制。一是建立健全党组织考核评价制度，利用今日校园上的投票功能，形成干部评价和党员评价有机统一的服务绩效评价机制。二是完善党内民主制度，畅通党员民主监督的渠道，利用网络平台载体，使党员的意见、批评、检举、质疑、评议等能够顺畅上达和规范处理。

依托书院全面开展样板支部的建设，进一步强化党支部"七个有力"，进一步健全支部相关制度，构建富有自身特色的支部党建工作制度体系和工作机制，努力建成辐射全校、具有示范作用的党建工作体系。培育打造团队支部党建工作品牌。坚持边创建边总结，边总结边提升，积极探索新时代高校学生支部党建工作规律，巩固深化高校基层党建工作成果，为高校党建工作注入活力，推动党建质量普遍提升。

# 第7章　书院制视角下地方高校大学生创新工作方法案例

高校的党建和思想政治工作关乎高校培养什么人、怎样培养人、为谁培养人这一根本问题，为了坚持和加强党对高校的领导、党的建设、做好大学生思想政治工作，高校要坚持立德树人的根本任务不动摇，坚持为党育人、为国育才、育才造士、为国之本。本章立足于书院制视角下地方高校大学生创新工作方法的研究和探索，从创新发展思政工作方法论、新媒体的思政实效研究、书院家访工作的探索与实践和大学生就业能力提升路径四个方面进行了阐述，对高校大学生创新工作方法提供了一些案例，对同行起到交流分享作用。

## 7.1　书院制背景下创新发展思政工作方法论

### 7.1.1　创新方法论，确保针对性

在贯彻落实立德树人根本任务、促进高等教育事业健康发展中，辅导员队伍责任重大，使命光荣。

"辅"：从工作作用的角度全面认识辅导员。从辅导员岗位的特殊性出

发,做好党委工作的助手、教师教学的助手、学生学习的助手。从辅导员工作主辅二重性出发,做思想政治工作的主攻手、学生管理的主导者、学生成长的主心骨。

"导":从工作方法入手,深入了解职业要求。要加强政治领导、思想引导、心理疏导、学业辅导、行为督导、就业指导,守护学生人生航向,坚守阵地,对学生在学习中遇到的各种关系和疑难问题,旗帜鲜明、细致入微地引导他们正确处理,打通通向社会的最后一公里,引导他们科学规划人生,为实现人生目标、实现人生价值而奋斗。

"员":从岗位身份的角度清晰认识辅导员。要在"两个一百年"奋斗目标的历史交汇期,在推进教育现代化、建设教育强国、办好人民满意教育的进程中,承担伟大工程的施工员、伟大事业的质检员、伟大斗争的战斗员、伟大梦想的服务员的职责,培养能够担负民族复兴大任的时代新人。

用好创新方法论,确保工作针对性,主要从以下几个方面体现。

(1)立德铸魂,确保党建工作龙头统领作用得到充分发挥。党的政治建设是党的根本性建设,决定党的建设方向和成效。实施"导航·强基·铸魂"攻坚行动,坚持以习近平新时代中国特色社会主义思想武装头脑,着力打造宣传阐释党的创新理论"示范课",举办"师生同上一堂思政课"活动,促进学习贯彻党的创新理论往深里走、往心里走、往实里走。认真组织开展党史学习教育和"四史"学习教育,推动学生强化理论武装、传承红色基因、厚植家国情怀。

(2)强化基础,确保不断提高学生党组织建设质量和党员队伍建设水平。高校基层党组织是党的肌体细胞和党的活动主体,是党在高校全部工作的基础,是战斗力的基础。党组织依托书院通过举办专题微党课、召开组织生活会、创建故事库、筑牢"红色防火墙"等行动,广泛动员学生党员干部投入到学习工作中去。

(3)突出重点,确保思想政治工作针对性、实效性显著增强。思想政治工作是学校各项工作的生命线,是学校党建工作的基础工作。紧紧围绕重点难点问题，不断增强亲和力和针对性，加快推进思想政治工作体系建设。依托书院党组织聚焦重点难点问题，加快构建思想政治工作体系，不断增强思想政治工作的亲和力和针对性。

① 用习近平新时代中国特色社会主义思想武装头脑。学习贯彻习近平新时代中国特色社会主义思想，自觉以新时代党的创新理论武装头脑、指导实践，做红色基因新传人。

② 积极开展理想信念和社会主义核心价值观教育。教育引领学生全程践行社会主义核心价值观，把社会主义核心价值观融入教书育人全过程。构建"大德育共同体"，坚持"人人是教师、处处是课堂、事事都育人"的理念，激发学生的家国情怀，立志成人成才。

③ 思政课程与课程思政同向同行。深入推进习近平新时代中国特色社会主义思想进教材、进课堂、进头脑，推进思想政治理论课教学改革。充分发挥各类各门课程的育人功能，共同发力，都"守好一段渠，种好责任田"。

④ 政工队伍能力素质要进一步提升。加强学习，注重实操，能力素质整体提升，做青年学生的引路人、同路人、开路人，努力建设一支政治强、业务精、纪律严、作风正、格局大、情怀深、学识广、形象好的学生工作队伍。

## 7.1.2　统筹方法论，确保实效性

做好思想政治工作，思想政治工作方法是关键。方法正确与否，直接关系到思想政治教育效果的实现。认真贯彻落实习近平总书记关于教育改革发展和思想政治教育工作的新理念、新思想、新观点，用党的最新理论成果指导思想政治工作改革实践，从根本上解决新形势下做好思想政治教育工作"本领恐慌"的问题。

（1）用好用足好办法

用好、用足、用活好办法就是要把党的优良传统传承下去，把课堂教

学的主渠道作用充分发挥出来。用好课堂教学这个主渠道，事关意识形态工作全局，事关中国特色社会主义事业后继有人，事关中华民族伟大复兴的中国梦的实现。

一是要以研究新形势、分析新情况、把握新要求、解决新问题为重点，形成有力保障和支撑的生动格局。二是认真抓好大学生思想政治教育的主渠道——思想政治理论课的教学工作。教育引导学生树立共产主义远大理想和中国特色社会主义共同理想，增强"四个意识"、坚定"四个自信"、做到"两个维护"，关键是要在坚定理想信念、科学阐释马克思主义最新成果上下功夫。三是思政课程与课程思政要坚持问题导向、理论讲解、案例讲解，不断推进教学改革和课堂革命，围绕"教什么""怎么教""谁来教"三个基本问题，用马克思主义理论武装青年学生头脑。在思想政治理论课教学中切实增强针对性、实效性，在立德树人中增强吸引力、感召力；同时，确保各类课程与思想政治理论课并驾齐驱，形成思想政治教育的协同效应，并在其他各门课程的教学中贯穿思想政治教育的要求。

（2）改活改进老办法

把过去行之有效的一些方法，根据时代的发展加以完善，使之适应新时期的需要，这是对老方法的改造和完善。

思想政治工作的方法是坚持不断改进创新，增强政治思想教育的亲和力和针对性，满足学生成长发展的需求和期望。思想政治工作实质上是做人的工作，影响青少年学生思想观念、价值取向、精神风貌，是知识教育、情感教育、价值观教育的统一体。课堂教学和日常思政就是要把党的理论创新成果转化为青年学生的思想和行动，既促进青年学生全面发展，又构建思想建党全覆盖格局，做到思想政治理论课和思政工作的协同。

坚持把正确的政治方向贯穿于办学育人的全过程，把马克思主义的立场、观点、方法贯穿于教育教学的全过程，通过思政课的课堂教学，达到育德铸魂、启智润心的统一；依托书院制建设大力拓展第二课堂，到革命老区、改革开放前沿、贫困地区、农村社区、厂矿企业等进行调研考察和实践锻炼，努力让大学生深化认识并逐渐认同；通过党校教育和"青马工程"的实施，使党的基本理论、基本路线、基本方略在大学生中的普及教育得到全面深化，引导大学生为建设社会主义现代化强国做好努力奋斗的思想准备（见图7-1）。

图 7-1　"青马工程"培训班学生在井冈山

（3）探索发现新办法

探索发现新办法就是要不断根据时代需求革故鼎新，创新方式方法，不断增强针对性、时代感和吸引力，树立创新思维。

习近平总书记强调，要运用新媒体新技术使工作活起来，推动思想政治工作传统优势同信息技术高度融合，增强时代感和吸引力。要紧紧围绕把立德树人根本任务落细落小落实，通过思政课和新媒体新技术的结合，让思政课教学、课程思政和日常思政"活起来""火起来"。一方面，传统媒体在校园里的优势得到了很好的发挥。一直以来，校园信息发布，校园舆论引导的主要途径是校报、新闻网和校园广播电视。在新形势下，对传统媒体的传播方式，结合实际需求，适时进行创新。另外一方面，新媒体的作用应该得到很好的发挥。着力构建微信、微博、微视频、客户端等个性化、分众化、立体化、多元化的传播格局，实现校园媒体的整合、传播方式的有效、工作机制的适应，把握高校思想政治工作在新媒体时代的规律，在"互联网+"的思想政治工作新平台上站稳脚跟，在思想政治教育上打通"微通道"。

（4）科学运用辩证法

辩证法是我们思考问题，开展工作的重要武器。学生工作是一项系统工程，做好这项工作，需要学会运用理论武器来指导工作开展。

理论与实践相结合。要抓好学生工作，不仅要加强理论学习、业务学习，而且要学以致用，做到理论与实践相结合，学以致用，增强工作的针对性和实效性。

教育与管理相结合。教育是基础，管理是手段，两者紧密结合，相互渗透，灵活运用，方能起到实效。

解决思想问题与解决实际问题相结合。学生的思想问题里面往往隐藏着实际困难，这种情况下只讲大道理行不通，要二者兼顾，双管齐下才能真正解决问题。

普遍教育与个性教育相结合。学生是家世不同、性格不同、爱好不同、特长不同的活生生的个体。要注重进行因人而异、因材施教的针对性教育，要在工作中统一要求。

一般教育与特色教育相结合。既要注重一般性教育工作的开展，把工作做细、做实，又要创造性开展工作，注重特色打造，扩大影响力。

学校教育与家庭社会教育相结合。学生教育是需要学校、社会、家庭密切协调的体系化工程。学校应主动发挥桥梁和纽带作用，整合三个方面力量，共同做好工作。

传统教育与现实教育相结合。要继承和发扬以往学生工作中的优良传统和好经验、好做法，在此基础上正视现实，结合实际，大胆创新，为学生工作开辟新的道路，为学生工作开创新的局面。

登高望远与脚踏实地相结合。学生工作既要紧跟时代，立足高远，努力培养社会主义合格建设者和可靠接班人，又要静下心来，脚踏实地，扎扎实实地把工作一件一件地做好。

做好新形势下高校思想政治工作，必须注重工作方式方法的改革创新，做到"因事而化、因时而进、因势而新"。用好用足好办法、改进改活老办法、探索发现新办法、科学运用辩证法，以真理的力量影响学生、以思政课程和课程思政吸引学生、以学识魅力和人格魅力感染学生，这对做好思想政治工作、更好地育人育才具有十分重要的意义。

### 7.1.3　敢下硬功夫，确保精准性

（1）在厚植学生爱国情怀上下功夫，见成效，教育学生把报效祖国、服务人民当作一种理想

持续加强"精准思政"建设。不断推进"协同育人 337 工程"，构建更加完善的"三全育人"新格局；从抗击疫情的人民战争、总体战、阻击战出发，把追逐个人梦融入实现中国梦的生动实践中，引导青少年树立正确的历史观、民族观、国家观，切实提高思想政治教育的针对性、创造性和实效性，加强青少年的家国情怀、生命健康、生态文明教育和构建人类命运共同体教育。要把爱国同热爱党、热爱社会主义结合起来，始终与祖国同呼吸、共命运，坚定听党话、跟党走的决心，扎根人民、献身国家，始终保持深厚的爱国情感、理性的认识和实实在在的行动。

继续推进共青团"'五慧'育人计划"。开展"党史教育"系列主题教育实践活动，推动学习贯彻《新时代爱国主义教育实施纲要》，以爱国主义为核心，激励和引领广大青少年大力弘扬伟大民族精神，协同开展"大学成长计划纪实"活动。教育学生写好自己的"大学史""成长史""人生史"，踏踏实实走好每一步，让认真走过的每一步都算数，不断提升自己的政治判断力、政治领悟力、政治执行力。

（2）在加强学生品德修养上下功夫，见成效，教育学生把德性德行修养当作一种自觉

推进《新时代公民道德建设实施纲要》的学习贯彻，自觉涵养"政治

大德、社会公德、职业道德、家庭美德、个人品德",深化品德修养教育实践活动,践行社会主义核心价值观,走进社会、走进基层,感受时代脉动,思考社会问题,培养责任心和公益心,踏踏实实修好品德,成为有大爱大德大情怀的人。

推进创建书院品牌育人工程如:"隆中山下党旗飘"工程、"文明修身工程"等,做好"青年五四奖章""两红两优"评选表彰,加大典型培育力度,力争在全省、全国大学生先进集体和个人等评选上有更大突破(见图 7-2)。

图 7-2　学生党支部获市教委颁发"先进基层党组织"

(3)在增强学生社会责任感上下功夫,见成效,教育学生把崇德向善、奉献社会当作一种追求

抓住学生价值观形成和确定的关键时期,努力从中华文明中汲取道德养分、从先进榜样中获取精神力量。抓住学生价值观形成和确定的关键时期,明大德、守公德、严私德,崇德向善、见贤思齐,做一个心灵纯洁的人、有健全人格的人、有高尚品德的人、有文化修养的人、有社会关怀的人、有责任担当的人;做一个品行端正、素质优良的人,时刻以实际行动为国家和人民谋福祉,甘于奉献祖国和社会。在深化品牌志

愿服务内涵中培养学生，争取更大的社会影响，发挥志愿服务队的引领示范和辐射作用。

（4）在培养学生创新精神上下功夫，见成效，教育学生把敢于开拓、勇于创新当作一种责任

继续推进创新创业实践，鼓励支持学生参与多领域课题研究，参加各类高水平学科竞赛，勤学、敏思、敢闯、善试，教育学生在火热的改革开放和社会主义现代化建设进程中创新创造，干出一番事业，走出固有的传统思想束缚，打破旧有的框框，具有较强的创新精神和综合能力。在激励人才创新的良好氛围中茁壮成长，在自己的核心竞争力中转化出时代新知和创新活力。

以创新思维破难题，以创新成果促发展，以创新眼光谋未来，真正解放思想、敢于求实、乐于探索、敢为人先，积极响应时代召唤。

（5）在提升学生实践能力上下功夫，见成效，教育学生把顽强拼搏、艰苦奋斗当作一种锤炼

教育学生要自觉怀揣民族复兴之梦，自觉担起历史重任，时刻保持一种顽强拼搏的精神状态，时刻想干事、能吃苦、肯拼搏，争做奋进者、开拓者、奉献者，走在时代前列。

教育学生要有坚定的信念和过硬的本领，敢于在大是大非面前亮剑；敢于在歪风邪气面前冲锋陷阵；敢于在矛盾面前迎难而上；敢于在危难关头挺身而出。教育学生要"立鸿鹄志、做奋斗者"，自觉加强学习，努力开展实践，既要有远大理想，又要脚踏实地，既要有过硬的专业知识，又要有过硬的实践本领，不断提高本领和技能，用奋斗的身影展现最亮丽的风景，让实干的精神在青春的光芒中绽放最夺目的光彩，加强实践育人基地建设，充分发挥基地的育人作用。

（6）在提高学生综合素质上下功夫，见成效，教育学生把高超素质、美好形象当作一种风景

深化综合素质提升教育和实践，要教育引导学生培养综合能力，

培养创新思维。通过更高质量的综合教育，培养出更多体格强健、精神刚健、有文化修养、有人文关怀、有创造活力、有人格魅力的时代青年。这样，不仅能成就青年的精彩人生，更能成就一个蓬勃向上的青春中国。

推进书香校园、运动校园、文明校园、艺术校园、科技校园"五个校园"建设工程和提升计划，开展学生回归常识"百千万计划"，深化"爱读书、爱锻炼、爱公益"教育实践，推行大学成长规划和大学成长历程纪实，健全评价标准和综合素质评价体系，举办综合素质展演，打造一道展示学生综合素质的靓丽校园风景线。

树立健康第一的教育理念，积极开展课外锻炼活动，帮助学生在体育锻炼中享受乐趣、增强体质、健全人格、锤炼意志；加强美育教育和实践，坚持以美育人、以文化人，提高学生审美和人文素养；建设劳动教育基地，在学生中开展常态化、体验式的手脑并用劳动实践，引导学生到厂矿企业去，到田间地头去，到大自然去，实实在在地干活，实实在在地出力流汗，大力弘扬劳动精神、劳模精神、工匠精神。

（7）在加强学生学风建设上下功夫，见成效，教育学生把勤奋学习、回归常识当作一种天职

让学生明白"课比天大"，学习是自己的本分，要回归课程、回归课本、回归课堂、回归课桌，让自觉自主学习成为习惯和常态。要教育引导学生，沿着求真、悟真、明事理的方向，珍惜学习时光，做到问计于心、问计于民、增长见识、丰富知识。

以提高大学生"读书率、运动率、考研率、学科竞赛率、优质生源率、就业率、创业率"为抓手，继续推进"隆中诸葛读书工程"和"学风建设工程"，加强对大学生严管、严学、严教、严考的"四严"意识的教育引导，不断丰富学风建设活动载体，引导学生向上向善。

（8）在培养学生奋斗精神上下功夫，见成效，教育学生把艰苦奋斗、戒骄戒躁当作一种幸福

深入开展奋斗精神教育实践活动，要教育引导学生树立远大志向，以

勇于拼搏的精神状态、乐观向上的人生态度，敢于担当、不懈奋斗、奋发有为、自强不息。用中国情怀和全球视野教育引导广大青少年更加关注世界形势及其发展变化，全面客观地认识当代中国，全面客观地看待外部世界，成为具有中国情怀和全球视野的人才。推进"文明修身工程"，拓展培养学生意志品质载体，引导大学生勇于奉献、勇于探索，靠奋斗实现梦想。

（9）在加强学生工作队伍建设上下功夫，见成效，学生工作人员要把人格魅力、学识魅力当作一种本分

加强政工队伍培训，提升育人能力。以校本培训、外出研修和兄弟院校学习交流为载体，不断丰富政工人员培训的形式和内容；组织辅导员参加与其他院校学习交流的"辅导员职业能力竞赛"；开展大学生思政工作研究，将政工人员分组分门别类进行实践探索、经验总结和专题课题研究，对政工人员的科研能力进行结集，力争在申报省级、国家级学工精品工程和实践育人特色工程上有新突破。

开展系列校本实践。立足校本，种好责任田，结出生态果。继续推进"辅导员有约"活动；开展政工人员每人每年一典型案例活动，培育先进典型和经典案例；在政工人员中开展"我和我的每一个学生"教育案例分享活动，力求精准掌握、规划、帮扶、服务到每个学生。

加强作风建设。教育引导政工队伍发扬"三尽"精神，即：拼尽力气、想尽办法、用尽资源，用三种精神：不惧风雨、不畏艰险的精神，只争朝夕、争分夺秒的精神，精益求精、追求卓越的精神干事创业，兢兢业业做好以学生为中心的思想政治工作，践行和发扬"孺子牛、拓荒牛、老黄牛"精神，真抓实干，落实见效，确保校党委行政决策部署在学工系统取得实效。

（10）在凝练学生工作特色上下功夫，见成效，要把"精准思政"、品牌打造当作一种文化

要形成学校独有的管理文化、教育文化、行为文化、制度文化，并且

书院制视角下地方高校大学生实践育人体系的研究与实践

长期坚持和传承下去，凝练创造先进文化引领校园文化建设。做到一院一品，做到书院整体的思想政治工作有特色，书院思想政治工作的某个方面有特色。在增强班级凝聚力，树立良好班风和学风的同时，针对专业和班级特点，做到一班一品，在某一方面的工作上见成效。做到一人一品，每一个政工人员根据自身的个性、特色发挥作用，形成具有个人个性化特点和特色的学生工作。做到一事一品，一个学院、一个年级、一个班要由某一件事来贯穿思政育人全过程，形成品牌。做到一团一品，社团活动在精，要达到学生愿意参加，有精力、有时间、有能力参加，在活动中能受到教育，在学生中有吸引力、凝聚力、号召力、影响力（见图7-3）。

图 7-3 "幼雏"支教队在山区支教

网络人脉育品牌。推进学工网络育人工作室建设工作，依托"微信公众号，实施网络矩阵，围绕读书、锻炼、公益三大主题，围绕思想引领、典型培育和廉洁修身等大学生思政工作发力点，打造新媒体网络育人新阵地，有效利用融媒体、网络教育、网络服务三大主题，打造开展网络文化节系列活动，主动占领网络育人阵地，唱响立德树人主旋律，打造具有地域特色的网络育人品牌，提升学生思政的知名度和影响力，通过开展网络文化节、网络教育、网络服务等活动，提升学生思政的知名度和影响力。

90

# 7.2　共承风雨，暖心相伴——书院家访工作的探索与实践

习近平总书记在党的二十大报告中明确提出：全党要把青年工作作为战略性工作来抓，用党的科学理论武装青年，用党的初心使命感召青年，做青年朋友的知心人、青年工作的热心人、青年群众的引路人。高校学生工作可以说是党的青年工作的重要组成部分，把学生工作与"共同缔造"理念有机融合起来，以人为本，统筹多方面、多方位、多主体，以"五共"机制为路径，推动学生、家长、学校共融发展。

"共同缔造"是认识论也是方法论，借鉴到育人工作中来看，那就是一切为了学生，发动一切利于学生成长成才的力量共同育人。围绕学生成长成才，家长、学校、老师一起想办法，找措施，共谋是前提；学生参与、家长参与、教师参与、学校参与，共建是路径；人人有责、事事尽责维护学生成长成才的育人环境和氛围，共管是保证；学生成长发展好不好，环境氛围营建得有没有成效，共评是检验；美好环境，健康成长、努力成才、开花结果，共享是目标。将"共同缔造"理念用于指导高校学生家访工作，以学生、家长、学校三方参与为核心，促成三方主体教育理念和发展共识的达成。在一定程度上解决了家庭参与大学生思想政治教育缺失问题，缓解了家校关系疏离、相互信任感不足、家校社信息不对等较为突出的问题，提高了协同育人的科学化精细化水平，有利于高校人才培养质量的明显提升。

"共同缔造"理念指导下的家访工作是传统高校思政育人工作的具体创新与实践，适应时代和实践发展新形势新要求。开展"共同缔造"理念指导下的家访工作，目的是：① 缔造学生健康的家庭成长环境；② 缔造学生健康的校园成长环境；③ 缔造学生健康的心理状况；④ 缔造学生、家

庭、学校三方主体畅通的沟通机制；⑤ 缔造学生个人全面成长成才。

## 7.2.1　工作基础

（1）该活动由王帅老师在试点单位牵头开展，已具备以下几点育人经验。

① 注重协同育人理念的构建。书院把立德树人作为学校的立身之本，汇聚育人合力，注重育人实效，把思想政治工作贯穿教育教学全过程，构建思政课程+课程思政协同育人体系、教学工作与学生工作协同育人体系、理论与实践结合协同育人体系等三个育人体系，实施科教结合协同育人行动计划、校企合作协同育人行动计划、文化凝心铸魂育人行动计划等三个行动计划，努力形成教书育人、科研育人、实践育人、管理育人、服务育人、文化育人、组织育人等"七育人"大融合、大协作、大协同的育人局面，增强协同育人合力，构建育人主体、育人资源、育人平台高效协同、共同发力的大思政工作格局。

② 具有丰富的家访工作基础。自2018年起，由王帅牵头持续开展"共承风雨—暖心相伴"家访工作，深入学生家庭，了解学生家庭状况，交流学生表现和发展愿景，收集和整理学生、家长对学校教育管理工作的建议，送去学校的关心和温暖、政策及帮扶，积极搭建学校—家庭"互联互信"平台，受到了广泛好评与支持。

③ 每学年"谈心谈话"全覆盖。学校高度重视"一体化"学生社区建设，实现学生谈心谈话全覆盖，思想教育"零距离"，为开展项目奠定了坚实基础。

④ 网络协同育人工作室育人成效好。学校高标准建设网络育人展厅，学校"在隆中谋天下""卧龙英才"和"淡泊湖"三个微信公众号已常态化进入"全国高校辅导员微信公众号影响力排行榜前30位""全国高校思想政治工作100个最受欢迎公众号榜单"，打造"指尖上的思政，网络上的陪伴"。学校网络协同育人工作合力和品牌效应彰显，成为学生及家长了解学

校、增强沟通的良好媒介。

（2）活动开展前期已建设三个载体平台，分别为：

① 建立精细化的家访工作方案。本活动依托学工处、宣传部、市心理健康协会等平台和资源，借助学校学科和人力资源优势，组建由学院领导、行政管理教师、专业课教师、辅导员、班主任等组成的家访实践团队。通过对师生信息特征精细化制定家访方案，以协同共建的理念、精准服务的方式、务实肯干的作风、合理明确的主体、精心设计的方案保障项目实效。项目团队与湖北日报社、襄阳日报社等省市媒体记者建立起了良好合作关系，优化项目的呈现效果。

② 学生家长微信联络群常态化运行。家访小组常态化，在学生家长微信群中与家长交流学生在校表现情况，通知重要事项，表彰优秀典型、做好安全提醒等，与大部分家长建立良好的沟通基础。

③ 学生家长电话寻访全覆盖制度。家访小组每学年均与学生家长进行电话寻访，了解学生在家表现情况，共商学生发展规划、人生愿景，为学生成长成才做好引导和服务。

（3）已建立支持家访活动的相关支撑制度。

① 建立大学生谈心谈话制度。辅导员、班主任每学期至少与学生进行一次深入谈心谈话，了解学生学业及生活等基本情况，关心关爱学生，为学生答疑解惑。

② 建立学业警告制度。学院每学期进行学业清理，可作为开展学业困难学生家访工作的重要参考依据。

③ 建立经济资助制度。通过开展经济资助工作，了解学生家庭经济情况，有针对性地宣讲相关资助政策，让学生及家长感受到温暖，引导学生勤奋好学，成长成才后回馈社会。

④ 建立综合素质测评和评奖评优制度。通过学生综合素质测评和评奖评优工作，全面地了解学生在校综合表现情况。

⑤ 建立心理测评和心理监测制度。学校设立有心理健康咨询中心，配

备有专兼职心理辅导员，每学年为学生进行心理测评，每月定期开展心理研判会，动态监测学生心理健康状态。

⑥ 建立假期走访学生家庭制度。家访小组定期开展实地走访，积累了丰富的家访经验，为开展后续家访活动奠定了扎实的实践基础。

（4）已开展重点工作。

① 学生教育管理制度常态化运行。每学年谈心谈话已全部完成，学业清理学生名单已进行梳理，家长电话寻访已全部进行，心理健康测评、心理研判会已完成，综合素质测评已完成，奖助学金评定正在进行。可综合以上内容，全面整理分析学生具体情况，可有针对性地与学生进行深入沟通交流，为下一步开展家访工作打好基础。

② 开展家访专业技能培训。邀请具有丰富家访经验的指导老师对家访团队进行家访前专业化技能分享和培训，提高家访小组教师敏锐的洞察力、准确的语言表达能力、灵活的应变能力、交流的共情能力，并邀请相关教师对学校的管理规定、就业政策、就业途径及对于特殊群体学生的帮扶措施、资助政策等相关制度进行详细解读，提高了家访团队整体素质。

③ 建立学生成长手册。建立学生成长手册，包含基本信息登记表、学业成绩单、第二课堂成绩单等，从多方面了解学生学业表现、科研表现、第二课堂活跃度、人际关系处理情况等，下一步拟根据以上资料针对不同学生的实际情况，细化访谈提纲，拟出问题清单，确定走访顺序和方式。

## 7.2.2 活动特色

（1）品牌特色

在"共同缔造"理念下，家访小组将"全员参与、走近身边、传递关爱、打开心结、相伴成长"作为家访工作准则，创新性地提出了家访"五共理念"，即人生规划共谋、学习路径共建、成长过程共管、育人实效共评、发展成果共享的家访育人工作机制，多方谋求思政育人工作难点的破题之路，从而理清学校、家庭与社会的权责关系，实现学生与学校、家庭之间有效沟通、密切联系、联结支持的协同育人模式。

"共同缔造"理念下的家访工作突出"共同性"，包括主体共同、问题共担、过程协同、过程协调。家访小组围绕教育成长、学业规划、考研辅导、就业指导等热点问题设计家访内容，实现协同化施策、协同化管理，多方协作、多举措、多途径关怀学生，从大水漫灌式教育转向精准滴灌式教育，建立目标靶向帮扶的思想政治工作方式。

（2）实践特色

本家访小组通过项目前期对文献分析、问卷调查、个案分析等方式，了解家访过程中可能存在的困难，研讨相应解决办法，形成体制机制，使家访工作方案具有更高可操作性和实效性，推动实现学生主体、家庭教育、学校教育在学生全面成长上的"共同缔造"。同时，开展项目的过程也是高校教师走近学生、深入社会的过程，是教师坚定育人信念、强化育人信心、优化育人能力的过程，有助于提高参与教师的专业化、职业化水平，使"人人育人""处处育人""时时育人""事事育人"等协同育人理念成为教师的普遍共识和行动自觉，让教育更有情怀、更有温度。

（3）育人特色

共承风雨，暖心相伴——"共同缔造"理念下家访工作的探索与实践项目强调协同性和实效性。本家访小组将"共同缔造"理念用于指导高校学生家访工作，以学生、家长、学校三方参与为核心，以提高育人实效为导向，以增进育人共识、解决实际问题为抓手，促进学生、家长、学校三方主体以多样化的方式参与到育人的多个环节中，促成三方主体教育理念和发展共识的达成。

（4）成果及创新特色

① 撰写调研报告。总结形成一份关于"共同缔造"理念指导下的学生家庭走访模式调研报告，总结凝练家访工作的实施经验，探寻有利于学生

全面成长的精神密码，为高校教师开展家访工作提供参考和借鉴。

②  形成体制机制。构建形成"共同缔造"理念指导下的完善健全的家访工作体制机制，推动形成生涯规划共谋、学习路径共建、成长过程共管、育人实效共评、发展成果共享的"五共"理念育人格局，进一步明确高校协同育人的工作任务、工作规范，增强协同育人合力，构建育人主体、育人资源、育人平台高效协同、共同发力的家访模式和工作格局。

③  学校文化涵养协同育人。家访小组通过组织教师开展"共同缔造"理念下的家访实践，使教师深化了"立德树人根本任务""教学中心地位""每门课程都有育人功能""每位教职工都有育人职责""每个岗位都有育人任务""人人育人""处处育人""时时育人""事事育人"等校园文化理念的认同。通过深入走访学生家庭，引导学生践行"淡泊明志、宁静致远、躬耕苦读、鞠躬尽瘁"的隆中精神，凸显学生主体地位。通过跟进家访反馈效果，真正走进学生、融入学生、关爱学生，发现学生和走访教师身上所蕴含的闪光点，共同营造出了具有鲜明学校特色的浓郁校园文化氛围。

④  汇编家访故事集。将学生家庭走访事迹汇编成一本《点点星光，照亮世界》故事集，分为五章：第一章经济困难学生：前方有专属于你的功勋章；第二章心理健康问题学生：和衷共济，你给我春风化雨的陪伴；第三章少数民族学生：相伴而行，你予我慰藉灵魂的力量；第四章优秀学生干部：载梦前行，你是我授渔引路的暖阳；第五章学业困难学生：你耳边有我殷切的盼望。

（5）创新特色

项目适应时代和实践发展新形势新要求，凸显"共同缔造"核心理念，以协同育人体制机制改革创新为重点，坚持一线工作法，通过理念的融合、项目的带动、计划的实施，推进"共同缔造"理念下开展家访工作的逻辑思路、内容形式、方法手段创新。

项目注重增强协同育人合力，构建育人主体、育人资源、育人平台高效协同。通过组织动员教师加入到学生家庭走访项目，以学生为中心，全心全意围绕学生、关照学生、服务学生，实现教育激励学生、服务成就学生、提高教师素质、促进学生工作、加强家校协同目的，使学校协同育人机制高效运行，学校育人特色充分体现，育人资源有效整合利用，持续深化了"共同缔造"理念指导下家访工作的内涵和外延。

### 7.2.3　育人实效

（1）师生满意度、参与度及受教育效果

共承风雨，暖心相伴——"共同缔造"理念下家访工作的探索与实践项目开展以来，获得了学工处、宣传部、各学院的大力支持和一致好评。受家访学生及其家长纷纷表示，教师家访让他们感受到非常温暖，拉近了学校教师与学生、家长之间的距离，架起了家校沟通协同育人的桥梁，非常感谢家访小组老师的关心与帮助。教师也纷纷表示通过此次家访，让学校育人工作变得更加鲜活、更加温暖。"共同缔造"理念下的家访活动有效拉近了师生间的距离，给学生带来鼓舞，为受访家庭送去温暖，让走访教师收获成长，取得了良好效果。学校领导鼓励家访小组："把教育教学工作的场所延伸到学生家中，增进师生感情，加强家校联动，贯彻了共同缔造的理念。"家访小组践行为党育人、为国育才的初心使命，进一步拓宽学生思想教育工作渠道。在开展家访工作过程中，注意学生的分布，其中包括如获得国家奖学金的优秀学生、学业成绩排名靠后的学生、在洪涝灾害中受灾的学生、在公共场所进行紧急救助的学生等。家访小组针对不同学生特点采取具有针对性的家访方案，为学生带来鼓励、送来温暖、提供帮扶等。学生在家访小组的关心关怀和持续关注下，更加奋进自强，更有责任担当，表现出了更好的精神面貌。

（2）难点重点问题解决情况

① 部分家长和学生对家访配合度不高。老师在家访时感受到部分家长和学生配合度不高，缺乏对家访的意义和目的的认识。原因主要有以下几点。

（a）认为在校有不良表现所以才会进行家访；（b）认为家访交流沟通时会侵犯个人隐私；（c）认为老师只是为了完成学校任务；（d）家访教师无心无力后续跟进问题解决。

解决办法：用心用情关爱学生，设身处地解决问题。针对学生与家长的排斥心理，加强对家访重要性及意义的宣传，明确家访目的是赢得支持、共同营造有利于学生全面发展的健康环境，促进学生更好地成长。在家访前与学生进行沟通，提前对学生的生活状况、自我发展规划及面临的困惑进行了解，全心全意关爱学生、温暖学生；与家长交流要注意沟通交流的语气及方式，采取积极主动的态度向家长客观介绍学生在学校的情况，提出切实建议；带着感情，身入心到，满怀诚意，营造宽松和谐氛围。设身处地为学生家庭着想。要针对每个学生家庭的不同情况拿出具体的建议和举措，持续跟进问题解决。在工作过程中严格保护学生家庭隐私。

② 家访受疫情、时间和地域等条件限制。当时全国疫情呈现点多、面广、频发态势，给家访工作带来诸多不便，使得家访工作覆盖面不够广泛。且学校学生来自全国各个省份和地区，地域差异性较大，对课题开展的人力物力财力等资源存在挑战。

解决办法：严格遵守疫情防控指挥要求，把安全健康放在首位；在制定家访路线时避开中高风险地区，同时做好疫情情况突变的工作预案。家访小组采取疫情期间线上家访与疫情后线下回访相结合的方式，向学生及家长说明原因，先与家长取得联系沟通，表达关心关切，给予中肯指导建议，疫情稳定后再开展线下家访。对于学生地区差异性较大这一问题，可以根据学生家庭所在地科学合理安排家访路线，尽可能地避免资源浪费。

③ 家访缺乏对学生的继续跟踪。由于部分老师日常工作较多，在日常工作中很少有空余时间与家长沟通学生的情况，没有给予家访后续效果跟进的足够重视，导致家访效果没有最大化，不能达到预期的目的。

解决办法：建立完善的反馈机制。在网上建立家长和教师的互动专栏，便于家长和家访小组教师交流学生教育管理办法，使家长及时了解学生的在校情况，还可以请家长在专栏中发言、互动，对专栏的内容提出自己的建议。定期开展研讨会，在保护学生隐私的前提下，将家访过程中遇到的问题和心得与有经验的老师进行交流讨论，共谋最佳解决办法。落实家访后的回访工作，巩固家访成果。

④ 家访工作人员的经验不足，专业性不强。进行家访的工作人员中，有班主任、辅导员、高校专职任课教师和其他学生工作者，部分老师在家访工作方面不强，对"共同缔造"理念没有全面深入的认识，对家长提出的专业发展或者就业指导等问题不能准确全面地回答。

解决办法：家访前进行专项培训，向家访小组教师阐明家访工作的重要意义，进行"共同缔造"理念在家访工作中运用的专题辅导，提高家访队伍的政治素质与专业能力。家访教师对学生要有耐心、信心、爱心、责任心，才能做好家访工作。要真正爱学生，让爱温暖学生的心灵。要提高家访小组教师与家长交流沟通的能力。对专业前景进行科普，确保教育理念的正确，提高对学生专业化的指导能力，解决学生成长中遇到的实际问题。

（3）开展家访活动的工作重点

① 明确家访的目的及意义。家访是促进学生健康发展的必要手段，是为学生提供精准指导、与家长形成教育共识的必要条件。每一名学生背后都是一个家庭，每一名学生身上既肩负着父母未来的期盼，也肩负着建设国家的伟大使命。教师应该牢牢抓住家访工作这个有力抓手，关心关爱学生，凝聚育人共识，汇聚育人合力，注重育人实效，构建大融合、大协作、大协同的育人局面，着力培养德智体美劳全面发展、具有社会责任感、实践能力和创新精神的社会主义合格建设者和可靠接班人。

② 家访前充分做好准备。家访小组在家访前，要清楚掌握学生的在校表现情况、思想动态、人际关系等，认真回想学生在校状况，从一个举动、一段话语、一个场景，更深刻地感受学生学习的困惑、进步的喜悦、成长的烦恼、生活的憧憬。通过与学生家长的沟通，给予学生和家长积极鼓励和中肯建议，帮助家长树立正确的教育理念，增强家长的责任意识和信任

度，引导家长主动参与到学校的教育教学管理中来，共同促进学生全面健康成长。在向家长反映学生在校情况时要注意方式方法，对于学生的良好表现要充分给予肯定，对于需要改进的地方也要客观公正，并提出中肯的改进意见，照顾好学生和家长的情绪，并细致做好家访手记。

③ 切实关心温暖学生。在家访过程中要身入心到，把自己当学生，循着学生的求学之路，体会学生的真实成长感受。在心里绘出学生的成长路线图，用心用情引导学生，通过爱来点亮学生，为学生答疑解惑，当好学生成长成才的人生导师和健康生活的知心朋友。

（4）家长、媒体、同行评价情况

① 家长评价。"共同缔造"理念指导下的家访活动取得了良好反馈效果。某学生家长说道："能与老师敞开心扉交流，共商育人计划，与学校、老师连成一条心，达到家校共同创建良好育人环境的目的。"也有学生家长说道："一次家访就是一次让孩子进步的机会，会让一个孩子在今后的学习生活中发生很大的改变，我们家长也是一样。教会家长一些科学的家庭教育方式方法，有理有据地去转变我们作为家长的一些传统观念，对孩子的心理健康教育能起到事半功倍之效。"

② 媒体评价。书院公众号这样评价："共承风雨，暖心相伴——'共同缔造'理念下做好家访工作的探索与实践项目家访小组深入到了每一个家庭之中，用心用情与家长、学生面对面的交流，加强了社会、家庭、学生的联系，加强了师生感情，共同缔造了美好环境与幸福生活。"

③ 同行评价。老师评价道："通过开展此次家访工作，了解了家长对子女的关切与期望，也了解了一些学生家庭的困境，增强了我们的责任感，也让我们更加热爱学生，热爱工作。交流访谈方式，为家访工作增加新的内涵。"也有老师这样说道："家访，让老师和学生、家长的心靠得越来越近，越来越紧。在家访时的交谈中，我们深深体会到了家长的期盼，深感责任重大和使命光荣，以后也会积极参与到这样的家访工作中来！"

## 7.2.4　推广价值

（1）"共同缔造"家访活动的创新育人模式

① 精心策划活动方案。在"共同缔造"理念下对"四困"学生、退伍学生、考研学生等"关键少数"群体学生进行精确家访，并分类建立学生成长档案。走访经济困难学生，为寒门学子暖心；走访后进学生，为学生扶志；走访优秀学生，挖掘优秀成长基因；走访心理问题学生，疏导打开心结；走访考研学生，协助制定规划树立信心；走访退伍学生，激励关怀帮助；走访普通学生，挖掘潜在能量，等等，让每位学生感受到学校老师的温暖，增进师生互信，实现育人目标。

② 认真动员组织培训。争取校院两级支持，动员教师力量参加家访实践工作队伍，下沉到学生成长环境中开展教育和关爱。实现教育的精准教育，需要对各项规章制度及学生个体背景基本信息的准确掌握。为此，家访小组邀请相关教师对家访团队进行专业化系统化培训，以专业的知识储备、良好的核心素养、务实的工作作风开展学生家访工作，提高了家访团队的整体水平。

③ 办好学生"暖心事"。要围绕学生，关照学生，服务学生，根据每位学生特点，做好充分准备，确保身入心到。切实倾听学生愿望和心声，在深入学生家庭过程中发现矛盾问题，疏导心理排解压力，做到务求实效。积极主动及时回应学生关切，耐心为学生答疑解惑，努力帮助学生解决"难心事"、疏导"烦心事"、办好"暖心事"，让学校的思政教育工作更有情怀，更有温度，点亮学生希望的心灯。

④ 深入梳理总结凝练。推动项目成果转化为常态化长效化"共同缔造"理念指导下的体制机制，形成三份成果：① 一份"点点星光，照亮世界"的学生家庭环境影响及成长调研报告；② 汇编教师与学生之间、家长与学生之间的相伴成长故事，整理成一份很好的思想政治教育素材；③ 总结凝练家访工作的实施经验，探寻有利于学生全面成长的精神密码，形成 1 篇

较高质量的研究论文。

（2）"共同缔造"家访活动具有扎实的研究实践方法载体

① 文献研究法。项目组在提出课题后，以主题为检索项，以"共同缔造"和"家访"为主题词，借助中国知识资源总库——CNKI系列数据库中，广泛查阅检索出的有关文献，调研了解前人和他人关于"共同缔造"和"家访"的劳动及研究成果。在文献调研的基础上进行再深入调查研究，较为系统全面地了解"共同缔造"理念和家访制度在目前各阶段存在的难点、堵点，为开展家访工作提供理论基础。

② 问卷调查法。家访小组设计了项目开展前对全体学生《关于开展家访工作意见建议的问卷调查》和项目开展后《关于开展家访工作满意度及建议的问卷调查》，全面征集新时代学生对于开展家访工作的看法、好的意见建议及做法、期待解决的问题、拟达到的效果，为开展"共同缔造"理念下的家访工作提供了原始参考资料，进一步发掘家访小组家访工作存在的必要性、合理性，便于项目高质量开展。

③ 案例分析法。家访小组对之前已走访过的学生家庭进行总结梳理，凝练经验，进而制定出符合不同类型和特点的学生及家长的家访方案，并随着走访的持续进行，不断更新、完善"共同缔造"理念下的家访工作育人方案，实现家访工作最好的育人效果。

（3）"共同缔造"家访活动具有丰富的育人经验

① 注重情感沟通。在家访过程中，把自己当学生，深入了解学生的成长环境、求学历程、家庭愿景，循着学生的成长和求学之路，体会学生真实成长感受。把自己当家长，把家长当朋友。交流有亲和力，设身处地地感受家长的不容易，对家长多一些理解、多一些关心、多一些包容、多一些微笑、多一些鼓励。了解学生家庭状况，聆听家长心声，交流教育理念，宣讲暖心政策。注重平等交流，获得学生和家长信任。只有在情感上得到学生和家长的认同，才愿意让老师走进他们的内心、走进他们的生活、走进他们的家庭。因此，情感沟通是做好"共同缔造"理念下家访工作的先行基础。

② 做好"暖心小事"。根据对学生的情况了解和深入沟通，洞察学生内心、了解真实感受、共情家长情感、把握教育契机。知道学生心中的发展规划和渴望的未来生活，有理念、有方法、有智慧地教育引导学生，善于用如一页书签、一张贺卡、一幅照片等小物件、小资源，点亮学生成长发展微心愿，温暖学生、家长心灵，激励学生成长奋进。

③ 注重反馈跟进。家访是手段，"共同缔造"才是目的。家访是感知、了解、走近学生成长的重要渠道，也是做好学生工作的重要路径。在家访过程中，要认真仔细做好家访手记，总结反思跟进。反复思考根据学生的具体情况，我能够怎样启迪学生心灵？他们感动我的又是什么？家访过程的结束只是做好家访工作的一个实践环节，结合自己的工作和专业，力所能及地帮助学生解决成长路上遇到的障碍，打开学生心结，营造"共同缔造"学生全面成长的健康环境。

④ 保护学生隐私。尤其是针对家庭经济困难学生、身心疾病学生等一些存在特殊情况的学生及家长，他们对于家访的内容、目的及学校老师的言论、态度、行为更加敏感，更在意自己在老师和同学们心中的印象。因此，家访小组要针对不同类型的学生及家长采取不同的采访策略，在了解情况的过程中，注意保护个人隐私信息，这是开展家访工作的重要原则。

## 7.2.5　活动提升空间

（1）工作体系构建

① 家访前做好充分备课。

（a）明晰家访意义。为保证项目效果，走访教师应明晰家访的重要意义，知道每一名学生背后都是一个家庭，每位学生身上寄托着整个家庭的全部希望。通过家访，要更加真实地了解学生的成长环境、求学历程、家庭愿景，走进学生家庭、走进学生心灵，才能在教育管理过程中让学生亲其师、信其道，做好高校育人工作。

（b）充分了解学生。为学生建立个人成长手册，回想学生的一个举动、一段话语、一个场景，更加深刻地感受学生学习的困惑、遇到的问题、进步的喜悦、成长的烦恼、未来的憧憬，记录学生的学业成绩情况、人际关系情况、心理健康状况、职业发展规划等。与学生提前进行深入沟通，表达对学生的关心关注，引导学生讲述自己在求学历程中的个人心境变化和寻求解决的矛盾问题，积极调动学生的主观能动性，引导学生主体参与进来，共同谋求更好的发展前景。

（c）准备好家访内容。一次成功的家访，离不开精心设计的内容。学生家长大部分忙于工作，对学校的育人工作常有一些片面的认识和误解，所以老师在家访前要组织专项培训，熟练掌握有关教育理论和有关政策，利用家访的机会向家长宣传育人理念，争取家长对学校育人工作的理解和配合；通过了解学生的行为习惯，挖掘孩子某些问题的思想根源，争取家长的配合，塑造学生的健康心理。

（d）掌握沟通技巧。在家访过程中保持充分的细心、耐心，具有亲和力，能够把自己当家长、把家长当朋友，以生为本、设身处地地给学生和家长多一些鼓励、多一些关心、多一些理解、多一些微笑。多聆听家长和学生的心声和诉求，洞察学生内心、共情家长感受、把握教育契机，有理念、有方法、有智慧地教育引导，与家长交流育人理念，达成育人共识，点亮学生成长微心愿，温暖学生、家长心灵。

② 家访中保持细心耐心爱心。

（a）着重解决问题。通过家访前的充分准备，了解学生在成长成才过程中遇到的困惑和问题。在家访中，通过表达对学生成长的殷切关注，进而打开深入沟通交流的突破口，与学生及家长三方共谋解决问题的方法，共建良好的三方主体协同育人氛围，共享学生全面发展的幸福喜悦。

（b）关心温暖学生。家访过程中要身入心到，把自己当学生，循着学生的求学之路，体会学生的真实成长感受。在心里绘出学生的成长路线图，当好学生成长成才的人生导师和健康生活的知心朋友。

（c）宣传利好政策。针对学生及家庭具体情况，有针对性地向学生及家长宣传好的帮扶和激励政府，引导学生树立信心，将更多时间、更大精力投入到学业上来，为以后发展打好坚实基础。

（d）做好家访手记。详细记录家访中学生及家长的育人想法和理念，为学生、家长、学校共谋共建共享的良好育人氛围做好扎实的基础。

③ 家访后要提高育人实效。

（a）提高成果转化。总结凝练家访经验。通过总结凝练不同类型学生的家访经验，不断完善家访工作方案，提高家访工作的针对性和实效性。培养学生感恩情怀。在家访过程中让学生感受到老师和家长的殷切盼望，从而激发自己的学习成长主动性，成才后能够感恩父母老师、回馈社会。传播向上正能量。用自己的真实经历书写并诉说成长故事，激励自己和身边人励志好学，用切实行动奋斗出幸福未来。

（b）完善反馈机制。对于家访过的学生，要跟进完善学生个人成长档案，对学生和家庭有更全面更深入的了解，跟进争取解决学生在成长过程中遇到的问题，在之后的学习工作环境中给予学生更精准的关心与指导。

（c）建立长效机制。总结梳理家访后学生的学习生活变化，定期与学生、家长进行深入沟通交流，实时更新对学生的育人方式。

（2）体制机制创新

① 以"共同缔造"理念为平台，完善家访育人体制机制。家访小组总结凝练出生涯规划共谋、学习路径共建、成长过程共管、育人实效共评、发展成果共享的家访育人"五共"理念，以家庭、学校、学生三方为主体，汇聚多方力量共同参与到学生的全面发展过程中，构建以"学生主观谋划—学校引导教育—家长悉心指导—社会包容支持"为主线的健康可持续的育人体制机制，为学生系好人生的第一粒扣子。

② 以网络媒体为抓手，深化家访效果呈现。深化家访效果呈现需要凭借多维度、多形式的传播媒介与畅通渠道，达成高度的理念认同和情感认同。在隐去学生隐私、征得学生同意前提下，将"共同缔造"理念下的家

访工作形成的育人理念、动人故事、典型事迹依托学校网络协同育人平台、校外媒体等多媒介进行传播，将育人理念有效地传递给家校、学生和社会公众，更好地实现家访工作成果转化。

（3）平台载体拓展

① 建立学生成长手册，实时了解学生基础信息。为学生建立个人成长手册，记录学生的学业成绩情况、人际关系情况、心理健康状况、职业发展规划等，回想学生的一个举动、一段话语、一个场景，更加深刻地感受学生学习的困惑、遇到的问题、进步的喜悦、成长的烦恼、未来的憧憬。与学生提前进行深入沟通，表达对学生的关心关注，引导学生讲述自己在求学历程中的个人心境变化和寻求解决的问题，争取调动学生的主观能动性，引导学生主体参与进来，共同谋求更好的发展前景。

② 线上平台扩建师生交流，实现应访尽访。借助微博、QQ、微信、公众号等主流媒体渠道建立线上交流平台，家长、学生和老师可以进行话题发布，讨论区可自由讨论；评论区留言自动筛选关键词，在上方进行显示；设置评论点赞，最高的可自动置顶评论；设置管理员和投诉功能，对恶意评论及时跟进，根据情况选择进行回复、删除和处理。

（4）重点难点突破

① 缺乏对"共同缔造"理念的理解和认识，导致参与主体积极性不高问题。"共同缔造"理念下的家访工作是学生、家长、学校等多方共同发挥作用的实践模式，学生的主观能动性、家长的积极配合度等在家访各阶段的参与程度、参与效率都会对家访工作效果产生较大影响。家访小组老师虽是"共同缔造"理念下的家访工作的核心主体之一，起到有机整合多方力量，调动多方积极性等作用，但由于部分原因，在具体工作开展中常存在发力不够精准的问题。其次，还存在部分学生家长教育理念相对传统，教育动力不足，认为学生已经成人，不愿意干涉学生的职业规划，导致项目实施效果遇到阻碍。

② 完善的项目长效机制仍未完成。"共同缔造"理念下的家访工作方

案的最终目标是促成三方主体教育理念和发展共识的达成，缔造学生健康的家庭成长环境，缔造学生健康的校园成长环境，缔造学生健康的心理状况，缔造学生、家庭、学校三方主体畅通的沟通机制，缔造学生个人全面成长成才。当前项目更多地将时间与精力投入前期文献调研、工作宣传、家访技能培训和部分家访工作开展上，对长效体制机制的创新和完善关注度不够。在已开展的家访工作中，对于学生的引导还不够深入，对项目创新、管理的力度还有待加强，未形成长效的体制机制。

③ 囿于传统教育观念导致沟通不畅问题。部分学生及家庭习惯于学校单向灌输而非家校双向沟通。以往家校联系较多采用电话联系、约见家长等方式，往往局限于学校对家长单方面的灌输和宣讲，家长和学生心理压力较大，教师听取家长的意见或者建议不够。

（5）重难点问题的对策

① 深入贯彻"共同缔造"理念，提升家访工作的质量和效果。解决学生、家长等参与主体积极性不高的问题，需要多角度多维度施策，可以通过规范参与主体行为、创新工作方法等方式，实现多主体积极参与的效果和效率。第一，家访小组老师要身入心到，准确全面了解学生所思所想，真正关心温暖学生，赢得学生信任。第二，加强对学生的教育引导，激发学生主观能动性，引导学生树立家国情怀和奋斗精神，刻苦学习专业知识，练就扎实技能本领，勇担时代使命，贡献青春力量。第三，加强对家访小组教师的培训。使参与教师深刻认识到身为教师肩上所担负的神圣责任与使命，认识到家访工作的重大意义，提升家访小组教师的沟通技能、专业技能，打造一支精锐实干、善作善成的家访工作队伍，以点带线，当好促进学生发展的"协同者"，推动"共同缔造"理念下的家访工作深入开展。

② 创新完善家访工作体制机制，确保项目效能。"共同缔造"理念指导下的家访工作强调缔造学生全面成长的健康环境，家访工作的长效体制机制构建需要涉及多主体、多维度、全过程。第一，应引导学生在明确个人目标和奋斗愿景，选择适合自己的发展规划前提下，积极参与到"学习路径共建"

"成长过程共管"过程中，制定清晰的发展规划与路径。第二，构建完善的家访工作组织，横向确保准确联络到学生及学生家长，纵向紧密联系学院、学工处、心理健康咨询中心等部门，实现项目实施的平稳有序。

③ 积极转变育人思维模式，实现协同育人的双向奔赴。"共同缔造"理念下的家访工作要求学校、教师转变思维，鼓励家长和学生发表意见和建议，教师转变角色，多倾听，多换位思考，少灌输，少宣讲。让家长和学生的声音更加无压力释放，让教师单方面灌输变为家校双向沟通，最大程度实现家访育人的目的和效果。

（6）育人品牌创建

共承风雨，暖心相伴——"共同缔造"理念下家访工作的探索与实践项目强调实践性，具有鲜明的创新特色，将"五共"家访育人理念作为项目品牌，进一步深化高校家访育人工作的高质量开展。

① 生涯规划共谋。在"共同缔造"理念指导下，"生涯规划共谋"的实施路径分为转变学生思想—明确需求与短板—制定育人规划三个阶段。项目组老师将提前对学生以问卷调查的方式进行意见收集，对学生就教师开展家访工作的顾虑、意见、期待解决的问题、拟达到的效果进行直观的推演，帮助学生明确"共同缔造"的目标与问题，勇敢表达诉求，家访小组个性化制定切实可行的育人方案，最大化呈现学生、家庭、学校三方参与的育人效果。

② 学习路径共建。"学习路径共建"以归纳整理的问题、规划方案为指引，从关心温暖学生、帮助解决学生实际问题入手，融合学校各相关部门、家庭、学生、社会力量参与学生学习路径共建，形成多方参与的育人格局，使各方力量形成时空交叉影响的育人优势力量。根据不同类型学生及其家长性格、家庭情况特点，项目实施老师要因材施教、分类施策，构建差异化的家访工作模式，以最具有实效的方案实施家访。

③ 成长过程共管。"成长过程共管"以"学习路径共建"形成的育人体系为支撑，涵盖学校学生管理相关制度、家庭协同育人、学生积极主动

三个方面，学生积极主动，树立远大志向，在校勤勉奋进，家庭积极配合，关心鼓励学生，给予支持帮助，学校营造良好学习环境及氛围，解决学生面临的困惑难题，共同助力实现管理与监督并行并重的育人模式。

④ 育人实效共评。"育人效果共评"是育人成果反馈、实现信息多向交流的有效方式，不仅有赖于牢固树立责任意识、坚持教育理论学习、总结凝练经验做法、反复付诸实践等，还需要切实关心温暖学生，持续跟进已走访学生的后续表现，对取得进步的学生给予鼓励与赞扬，推动学生主动参与自我教育管理意识的提升。

⑤ 发展成果共享。"发展成果共享"是学生、家庭、学校、社会与育人体系、育人模式相结合产出的缔造成果。学生作为主要参与者和实际受益者，通过家访工作载体，实现了个人的全面发展、素质的整体提升。教师通过家访，使个人育人能力在实践中更新、成熟，真正把为事、为学、为人统一起来，成为党和人民满意的"四有"好老师。家长通过家访实践，增进了与学生、老师的沟通，更新了教育理念观念，从而更好地陪伴学生成长。

（7）成果转化推广

① 定期跟进家访后学生动态，确保育人实效。在家访后持续跟进学生思想及行为动态，关注学生后续表现，适时给予学生引导、帮助和鼓励，促使学生全面健康发展。持续跟进家访后学生有助于家访小组进一步把握育人规律，针对制定有效策略和应对方案，切实巩固好家访育人成果。

② 反复总结凝练经验，推广有效策略。家访活动过程及家访之后的各种反馈，可通过校园网、微信公众号等媒体平台进行实时跟踪报道和反馈，总结家访所得的有效经验、学生问卷分析所得的总结、家校交流平台反映的问题等，可通过多媒体平台进行报道，实现共同缔造中"五共"理念：生涯规划共谋、学习路径共建、成长过程共管、育人实效共评、发展成果共享。

通过开展"共承风雨，暖心相伴——'共同缔造'理念下家访工作的探索与实践"项目，让学院老师真正了解学生，走进学生内心，有利于思想政治工作者把握好教书育人规律和思想政治工作规律。通过家庭走访，建立起围绕学生、关照学生、服务学生的具有双向信息传递功能的家校信息交流互动平台，重构家校生三方关系，消除学生、家长、学校之间的沟通隔阂，让学生、家庭和学校互联，实现"共同缔造"理念下家访工作的"五共"理念，形成三方育人合力，共同帮助学生扣好人生的第一粒扣子。

通过走访活动缔造有利于学生全面成长的健康学习生活环境，以开展高质量家访工作为基点，了解学生真实诉求，开阔育人工作视野，把自己摆进去、把职责摆进去、把工作摆进去，将家访工作成果辐射到学生教育管理的各项工作中，以点带面，通过开展高质量的家访工作，俯下身子为学生办实事，抬起头来讲故事，用心、用情、用力做好协同育人工作。

# 7.3 大学生多元化生涯指导体系构建

就业是人类社会普遍存在的社会经济现象，也是每个大学生人生发展的重要课题。大学生就业指导对于大学生自身的就业和成才、高等教育的可持续发展，及社会稳定和发展都有着十分重要的意义，是当前高校亟待加强的重要工作。近年来，很多专家和学者在地方高校生涯指导工作中开展了一系列的探索和实践，取得一系列的研究成果，本节主要围绕李小华老师的在大学生多元化生涯指导体系构建方面的观点进行展开。

## 7.3.1 多元化生涯指导体系模型

近年来，在地方高校大学生生涯指导工作中的探索和实践，逐步形成了生涯指导工作前置化、系统化、精准化、持续化的多元化生涯指导体系模型，如图7-4所示。模型主要分为四个部分：生涯指导前置化、生涯指导系统化、生涯指导精准化、生涯指导持续化。

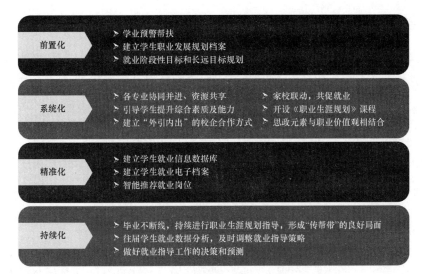

图 7-4　多元化生涯指导体系模型图

## 7.3.2　多元化生涯指导体系机制及重点工作内容

（1）生涯指导工作前置化

体现在大学生在校期间的学业预警帮扶，帮助学生建立职业生涯发展规划档案，帮助学生确立就业阶段性目标和长远目标规划等。目的是促进低年级学生对专业的认知，指导学习重点及未来发展方向的构想，促进高年级学生及时思考毕业去向，对未来发展方向的实践。

① 在校期间持续跟踪学生学业问题，做好学业预警帮扶，促使全体毕业生达到就业基本条件。

② 统计学生就业意向地区及就业岗位需求，明确目标岗位所需专业技能及综合素质，建立学生职业发展规划档案。

③ 举办往届优秀毕业生高质量就业案例讲座，唤醒学生的职业生涯规划意识，督促学生明确个人就业方向及过程中可能面临的问题，做好阶段性目标和长远目标规划。

（2）生涯指导工作系统化

体现在各专业协同并进、资源共享，引导学生提升综合素质及能力，建立"外引内出"的校企合作方式，加强家校联动，共同营造及时就业的氛围，开设职业生涯规划和就业指导课程，以使思政元素和职业价值观相结合。从学生所学专业视角出发，加强学校与社会的交流，将当前国内外先进技术、行业发展方向及前景与同学们实际专业学习相结合，系统性地指导学生在校期间的学习与发展。

① 各专业协同并进、资源共享，鼓励各专业学生交叉进入不同专业实验室学习，使学生相互促进、取长补短、共同进步、努力提升自身专业素质及技能。

② 校、院两级管理部门建立多项制度引导学生提升综合素质及能力，通过资助学生参加职业资格考试、调整课外实践与创新学分细则、举办各类学科竞赛、调整评优评模办法等，全面提升学生就业核心竞争力。

③ 建立"外引内出"的校企合作方式，通过共建实习实践基地，与相关单位和企业建立长期合作关系。积极引导毕业生树立职业口碑，得到用人单位认可，吸引来自全国各地的用人单位进校招聘，打造学院毕业生的品牌效应，形成良性循环。

④ 家校联动，通过召开就业指导宣讲会向家长宣讲考研、考公、就业、创业相关政策，督促家长帮助学生明确就业方向及目标。

⑤ 通过《职业生涯规划》课程引导、入学教育进行专业介绍、开展专业认知实习，举办专业发展规划讲座等，促使学生对职业发展产生初步认知。

⑥ 通过学业监测、专业认知实习、实训、实验室项目驱动、专业水平能力认证考试、学科竞赛等多种措施相互协同，提升学生专业能力及素养。

⑦ 通过通识教育选修课、学科竞赛、创新创业训练项目、社会实践、文体活动等增强学生综合素质，提升团结协作能力、沟通表达能力、抗压能力、适应能力和创新意识等非专业能力及素质。

⑧ 建立学生职业发展规划档案，持续举办往届毕业生考研、考公、就业等方面经验分享会，邀请用人单位技术总监、人力资源总监等开展前沿

技术及用人选人讲座，促进学生尽快明确个人就业方向，做好阶段性目标和长远目标规划。

⑨ 将中国梦、理想信念教育、社会主义核心价值观、工匠精神、奋斗精神、团队协作、中国优秀传统文化等思政元素与职业价值观、职业道德、敬业精神、集体利益等相关联，在潜移默化中塑造大学生科学的价值观，引领学生树立良好的职业素养和积极健康的就业观念。

（3）生涯指导工作精准化

体现在学生管理部门牵头建立学生就业信息库，建立学生就业电子信息档案，人为、智能推荐就业岗位。学生管理部门熟知每个学生的性格、学业水平，通过为学生建立就业电子信息档案，增加学生与就业岗位的适配度，促进学生在自身条件基础上尽早就业，更为优质地就业。

利用信息化技术、手段、方法搭建地方高校精准就业云平台，建立覆盖应届毕业生、用人单位供需双方需求的供求数据库，广泛收集翔实、准确的用人单位需求信息，采集学生就业意向数据并进行数据归纳、分类、统计和分析，建立一人一档的学生就业电子档案，利用大数据、人工智能相关技术依据用人单位需求向毕业生定期推送就业岗位，提高供求双方岗位匹配度，实现企事业单位、毕业生需求的精准无缝对接。

平台包含学生基本数据、企业招聘信息、学生求职信息、职位匹配、学生就业电子档案和数据可视化统计和分析 6 个模块。系统采集学生基本信息、企业招聘信息和学生求职信息等相关数据，将学生的理想求职目标与企业的招聘信息进行匹配并计算出匹配度。

依据匹配度对企业进行排序，生成个人就业电子档案并导出供学生参考，以达到精准就业的目的。

（4）生涯指导工作持续化

体现在毕业不断线，持续进行职业生涯规划指导，形成"传帮带"的良好局面；根据往届生就业数据进行分析，及时调整学生就业指导策略；做好就业指导工作的决策和预测。学生毕业后的就业指导也十分重要，学生离开学校，接触社会，第一份工作可能存在入职后发现与自己实际情况不相符、不适应的境遇，此时学生对未来的方向或许会感到迷茫，对老师的指引尤为迫切，因此学生管理部门应该持续性地对学生给予就业指导，对往届生就业数据进行就业云分析（如图 7-5 所示），将分析结果与应届毕业生们分享，帮助大家少走弯路，促进高质量就业。

①  毕业不断线，持续进行职业生涯规划指导。关注毕业生离校后的个人成长及职业生涯规划，在学生遇到挫折时给予鼓励，在学生面临抉择时给出意见和建议，形成长期良好师生情感关系纽带，形成"传帮带"的良好局面，实现就业资源共享。

②  持续跟踪往届毕业生就业状态，收集就业地区、岗位、薪资待遇等数据，做好往届学生就业数据分析以及时调整就业指导策略，提前做好就业指导工作的决策和预测。

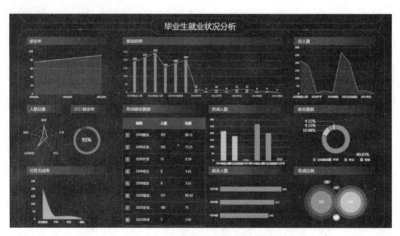

图 7-5    就业云分析操作界面

### 7.3.3    工作思路及特色

（1）生涯指导全员参与

①  各专业协同并进、资源共享，鼓励各专业学生交叉进入不同专业实

验室学习，使学生相互促进，取长补短，共同进步，努力提升自身专业素质及技能。

② 校、院两级管理部门建立多项制度引导学生提升综合素质及能力，通过资助学生参加职业资格考试、调整课外实践与创新学分细则、举办各类学科竞赛、调整评优评模办法等，全面提升学生就业核心竞争力。

③ 建立"外引内出"的校企合作方式，通过共建实习实践基地，与相关单位和企业建立长期合作关系。积极引导毕业生树立职业口碑，得到用人单位认可，吸引来自全国各地的用人单位进校招聘，打造学院毕业生的品牌效应，形成良性循环。

④ 家校联动，通过召开就业指导宣讲会向家长宣讲考研、考公、就业、创业相关政策，督促家长帮助学生明确就业方向及目标。

（2）生涯规划全程指导

① 大一大二，通过《职业生涯规划》课程引导、入学教育专业介绍、专业认知实习、专业发展规划讲座等，促使学生对职业发展产生初步认知。

② 大三大四，建立学生职业发展规划档案，持续举办往届毕业生考研、考公、就业等方面经验分享，邀请用人单位技术总监、人力资源总监等开展前沿技术及用人选人讲座，促进学生尽快明确个人就业方向，做好阶段性目标和长远目标规划。

③ 搭建地方高校精准就业云平台，建立覆盖应届毕业生、用人单位供需双方需求的供求数据库，广泛收集翔实准确的用人单位需求信息，采集学生就业意向数据并进行数据归纳、分类、统计和分析，建立学生就业电子档案，依据用人单位需求向毕业生定期推送就业岗位，提高供求双方匹配度，实现企事业单位、毕业生需求的精准无缝对接。

④ 毕业不断线，持续进行职业生涯规划指导。关注毕业生离校后的个人成长及职业生涯规划，建立长期的良好师生情感关系纽带，形成"传帮带"的良好局面，实现就业资源共享。收集往届毕业生就业地区、岗位、薪资待遇等数据，进行就业数据分析并及时调整就业指导策略，提前做好

就业指导工作的决策和预测。

⑤ 利用大数据、人工智能相关技术分析影响高质量就业的相关因素，依据贡献度高的影响因子调整、优化人才培养方案。

（3）生涯规划能力全方位提升

① 思政元素引领树立健康就业观。

将中国梦、理想信念教育、社会主义核心价值观、工匠精神、奋斗精神、团队协作、中国优秀传统文化等思政元素与职业价值观、职业道德、敬业精神、集体利益等相关联，在潜移默化中塑造大学生科学的价值观，引领学生树立良好的职业素养和积极健康的职业发展观念。

② 多措并举提升专业能力及素养。

通过学业监测、专业认知实习、实训、实验室项目驱动、专业水平能力认证考试、学科竞赛等多种措施相互协同，提升学生专业能力及素养。

③ 建立非专业能力素质培养体系。

通过通识教育选修课、学科竞赛、创新创业训练项目、社会实践、文体活动等增强学生综合素质，提升团结协作能力、沟通表达能力、抗压能力、适应能力和创新意识等非专业能力及素质。

（4）大学生多元化生涯指导体系的特色

① 生涯指导体系完整性。将生涯指导工作作为一项系统性工程，进行科学规划和设计，构建完善的全员、全程、全方位多元化生涯指导体系。

② 生涯指导工作的多元联动性。做好人员联动、政策制订、各类生涯指导资源互补工作，形成多元联动、多措并举的生涯指导模式。

③ 生涯指导工作的深度融合性。将思政元素融入生涯指导的各个环节，以引导学生建立正确的就业观，提升就业竞争力。基于信息化技术，如大数据、云计算、人工智能等技术在生涯指导工作中各个环节的深度应用，为生涯指导工作提供决策支持和服务，达成生涯指导工作的闭环管理与服务效应。

④ 生涯指导与人才培养协同性。通过多元化生涯指导体系构建促进人才培养模式的改革和创新，形成双向协同共进机制。

### 7.3.4　大学生多元化生涯指导体系研究路径及应用价值

（1）大学生多元化生涯指导体系研究路径

① 采集分析近年来生涯发展数据，归纳总结出生涯指导工作中所面临的各类问题，形成问题总结报告及就业数据分析报告。

② 分析生涯指导工作中各类问题产生的根本原因，在生涯指导工作全员参与、就业过程全程指导、就业能力全方位提升三个环节制订相应的举措，夯实就业基础。

③ 对生涯指导过程中的相关数据进行分析，得出影响度高的相关因素，为相关制度的制订提供决策支持。

④ 思政元素融入生涯指导工作的全过程，引导学生树立正确的择业观、就业观。

⑤ 分析近 5 年来高校毕业生所面临的学业、就业等各类问题，形成问题总结报告。

⑥ 采集各类生涯数据进行统计分析，撰写生涯数据分析报告。

⑦ 在现有精准就业指导云平台的基础上利用多元线性回归对影响生涯发展的各类因素进行贡献度分析，完成数据建模并进行验证。

⑧ 研究、制订基于"三全育人"模式下提升学生专业能力及综合素养的各项制度和措施。

⑨ 研究思政元素对学生生涯规划能力提升的引领作用，形成可行的思政指导生涯规划实施方案。

⑩ 形成切实可行的全员、全程、全方位多元化生涯指导体系，撰写研究报告。

（2）大学生多元化生涯指导体系应用价值

① 辅助学生树立正确的生涯发展观念。构建贯穿大学生涯的全员、全程、全方位多元化生涯指导体系，有利于引导学生精确定位自身，依据自

身专业能力、兴趣、性格等各方面因素，结合社会需求，树立"先就业再择业"的就业观念，将价值观同知识、能力与素养的提升相互协调，努力实现高质量和充分就业。

② 培养学生生涯规划应具备的素养。构建贯穿大学生涯的全员、全程、全方位多元化生涯指导体系，有利于增强学生专业技能水平、团队协作能力、沟通表达能力、抗压能力等求职应具备的综合素养。

③ 增强学生择业预测、就业决策的能力。构建贯穿大学生涯的全员、全程、全方位多元化生涯指导体系，有利于提升学生择业预测、就业决策鉴别能力，达到当前自我实现与长远人生价值观的高度统一。

④ 推动地方高校生涯指导工作模式改革。构建贯穿大学生涯的全员、全程、全方位多元化生涯指导体系，将推动同类高校生涯工作模式改革，带动广大教师、管理人员挖掘就业优质资源、协同开展生涯指导工作，同时还能为兄弟院校开展就业指导工作起到引领示范作用，提供经验借鉴。

⑤ 有助于建立高素质的生涯指导师资队伍。构建贯穿大学生涯的全员、全程、全方位多元化生涯指导体系，有利于培养辅导员、相关职能部门（招就处、学工处等）工作人员、专任教师三方深度融合的高素质生涯指导师资队伍，有力推动高校生涯指导工作的开展。

通过提升高校毕业生职业生涯规划能力，促进更多学生高质量就业，以地方高校学生为实施对象，以"全员、全程、全方位"育人为抓手，通过提升专业能力及综合素质、各专业协同并进资源共享、建立"外引内出"校企合作、搭建精准就业云平台、持续跟踪毕业生就业状态等有效方式构建贯穿大学生涯的全员、全程、全方位多元化生涯指导体系，以生为本，多措协同，分类协调指导，以科学的方法和切实有效的行动促进学生就业率和就业质量的提升，为区域经济高质量发展提供人才保障。

通过体系的构建，可以在学生专业能力和综合素养的提升途径及策略、思政元素与就业工作各个环节深度融合、就业指导工作中各类管理方法和激励措施的研究和制订方面，以及大数据、人工智能技术与就业指导工作的交叉融合等方面做出创新的举措和显著的研究成效。

## 7.4　新工科背景下机械类大学生就业能力提升路径研究

党的十八大以来，习近平总书记多次指出，未来几十年，新一轮科技革命和产业变革将同我国加快转变经济发展形成历史性交汇，工程在社会中的作用发生了深刻变化，工程科技进步和创新成为推动人类社会发展的重要引擎。随着"中国制造2025""一带一路"等国家战略的提出，大数据、云计算等核心科技得到井喷式的发展，我国的传统工程领域发展也出现了一些颠覆性的转变，如技术形态上的数字化、信息化；产业形态上的关联化、融合化等。这些科技和产业间的交叉融合，无疑为我国新经济的发展提供了机遇，同时对人才培养的要求也进一步提升。工程教育与产业发展紧密相连，只有工程教育的人才作为支撑，产业升级才会有强劲动力。在此背景下，教育部组织了三次关于新工科建设的研讨会，最终奠定了新工科发展的社会基础，达成发展新工科的共识，勾勒了新工科建设愿景，部署了新工科的建设路径与安排，开启了新工科建设与发展的研究浪潮。

近些年来，我国高校毕业生呈逐年增加的趋势，加之往届待业学生的巨大数量，致使目前大学生的就业压力与日俱增。随着国家经济发展的方向不断向技术型、科技型转变，对专业知识过硬、思维创新性高、创造能力较强的高校毕业生越发青睐，甚至成为炙手可热的重要人力资源。因此，高校如何在新工科背景下提升大学生创新精神、创造思维和创业意识，以促进学生成长发展，如何提升大学生就业能力，促进高质量就业，向社会输送更多高素质的人才，备受社会的关注。

国外虽然没有提出"新工科"建设，但部分高校却提出了与之内容相似的计划。麻省理工学院（MIT）于 2017 年启动了"新工程教育转型"（简称 NEET）计划，目的是重构麻省理工学院的工程教育教学，计划指出学校更加注重工程人才的学习能力和思维的培养，目标是培养能够引领未来产业界和社会发展的领导型工程人才。德国在工科生培养方面注重实习和理论结合，授课形式包含了理论课、研讨课、练习课及实验课，同时课程要求安排学生去企业实习至少 12 周。此外，毕业论文要求与实际生产相结合，以实际生产中发现的问题为导向撰写论文。

　　2017 年 2 月以来，国内各大高校纷纷投入新工科建设，一些学者在新工科背景下大学生的能力培养、就业能力提升等方面进行了比较深的研究。中国地质大学的张吉军教授在《新工科背景下大学生就业能力提升路径探索》中认为不断深化对新工科内涵的理解与认识，提前研判新工科的就业方向与形势，着力培养新工科核心能力与素质，积极参加校内外工程实践与训练，是新工科背景下大学生提升就业能力的基本路径。哈尔滨工业大学的鲁佳老师在《新工科背景下高校大学生创新创业能力提升途径研究》中认为在新工科背景下，利用当前高校和企业的环境优势，通过不断深化工程教育体系改革，搭建各类工程教育活动平台，丰富完善工程教育师资队伍建设，对于大学生工程实践能力和创新创业能力的提升，培养高层次的工程创新人才有着重要的意义。

　　新工科是未来中国高等教育发展的一个基本趋势，学科专业是大学的基础，是高校人才培养的根基，新工科的建设将促进学科专业由分割走向学科的交叉融合，推动教学重心由知识的传授向工程能力的培养方向倾斜。在此背景下，大学生就业将面临前所未有的挑战。对高校而言，如何在新工科背景下培养符合时代特征、有能力适应企业需求的大学生；对于学生而言，如何提前了解熟悉外界正在变化的大局和大势，提升自己的能力，尤为重要。

### 7.4.1　大学生就业能力提升路径模型

新工科背景下大学生就业能力提升路径，以为党育人，为国育才，促进学生高质量就业为目标。通过分析新工科的实质内涵特征、由来和发展，对比传统工科与新工科之间的差异，从工科教育、人才培养和教育教学过程方面分析新工科的实质内涵对现实的影响来探索大学生就业能力提升的基本路径。

重点从以下五个方面探索大学生就业能力提升的基本路径：① 深化新工科内涵理解，研判新工科就业形势。② 丰富工程教育课程体系，重视工程教育实践环节。③ 以学科竞赛为载体，培养综合能力发展。④ 加强校企合作，增强实践能力。⑤ 搭建专业校友平台，拓宽就业信息渠道。

创新之处：坚持以问题为导向，以"PDCA 模式"即"戴明环"为研究方法，通过 P——策划、D——实施、C——检查、A——处理这四个步骤探索大学生就业能力提升的基本路径。

### 7.4.2　工作机制及重点内容

就业是最大的民生工程、民心工程、根基工程，是社会稳定的重要保障，必须抓紧抓实抓好。高度概括了大学生就业的战略地位和重要意义。作为学生就业指导老师，从事新工科背景下的大学生就业工作，首先老师自身要"懂"，懂的不仅是如何让学生就业，更多的是懂得学生专业到底学了些什么、具备什么能力和对学生现有能力与企业所需能力的匹配度识别。在"懂"的同时更要如何去"用"，在培养过程中通过使用"PDCA 模式"这一有效方法，对学生培养的全过程进行质量把控。

项目计划从以下几个方面实施。

在 P——策划阶段，深化新工科内涵理解，研判新工科就业形势。新工科是一个新鲜的事物，是一个全新的学科专业方向。作为未来即将加入新工科专业或者已经身处新工科专业的大学生来说，要提升自身的就业能力，以适应未来的产业行业人才需求，就得不断深化对新工科内涵的理解与认识，同时也要通过暑期社会实践深入到工科领域企业参观、实践，企业中丰富、鲜活的实践优势要加以充分运用，坚持挖掘、总结、提炼企业领域的工作案例、招聘要求，从而尽早形成学习目标和培养方案。作为教师层面，了解专业所属的整体新经济的就业环境和形势，通过经济环境分析，识别可能的就业机会和挑战，形成对未来就业方向和形势全局性的认识；及时调整培养方案和指导学生实习实践，为适应新经济提前做好准备。

在 D——实施阶段中，丰富工程教育课程体系，重视工程教育实践环节，围绕企业用人需求，在理论教学体系中开设工科讲座类课程，涉及与工程实践相适应的经济、法律、环境、安全和健康等方面内容。开设校企联合培养计划，聘用企业技术专家任学生校外导师，开设"卓越工程师培养"讲坛，加强校企交流、合作。加强对工程教育的实践教学环节的重视，依托综合工程训练中心和各实验教学中心，逐步丰富完善常规教学实验、创新创业训练项目、实习实践综合训练等，提升学生的工程实践能力。以学科竞赛为载体，培养综合发展能力，鼓励学生参加 A 类、B 类学科竞赛，如"互联网+""挑战杯"、全国大学生机械创新大赛、全国大学生金相技能大赛等实操性强的工科类竞赛，同时，也鼓励学生参加交叉学科和创新能力养成方面的学科竞赛，如：全国大学生英语竞赛、全国大学生计算机设计竞赛、全国大学生管理决策模拟大赛、全国大学生创新体验竞赛等。学校层面通过将获奖项目纳入年度绩效考核、创新学分、奖助学金评选指标、加大宣传力度等方法促进师生的参与度。

除了策划和实施，还需要适时地对策划和实施的方案进行总结、评估和检查，即 C——检查。在这个阶段则是对已经策划和实施的方案进行认真的分析和评价，以不断地持续改进。为了确保检查、评估的效果，项目课题在大量的调查研究的基础上，通过如下方式获取准确的信息。

第一，加强校企合作，增强实践能力。通过走访企业与用人单位，从用人单位的角度获取真实可靠的学生能力与企业需求契合度的信息反馈。

第二，设计问卷，在应届生、往届毕业生和用人单位中进行问卷调查。主要为企业实践效果调查问卷、课程教学效果调查问卷、毕业生就业单位调查问卷、企业人才选用调查问卷、用人单位回访调查问卷等，以收集学生、企业评价及"能力需求——课程设置"结合度评价信息。

第三，考察高年级学生在接受社会实践、企业实习实训和学科竞赛后的行为表现，以确定最佳教育方法。考察是以定性和定量相结合来进行的，即：一方面观察学生行为表现；另一方面通过企业反馈进行衡量，综合评价教育教学效果，确定改进方向。

在 A——处理阶段，则根据上述总结、检查和评估输出的意见和建议，分析、整理后纳入到下一阶段各维度教育教学的持续改进中，并固化。例如，在沟通中有学生提出来是否可以为同学们提供往届校友就业去向，以便自我对照对标学习。为此，我们搭建了专业校友平台，拓宽就业信息渠道，加强校友与在校生之间的联络，为在校生在校期间的学习过程提供样板，对学习目的明确方向。

按照上述"PDCA 模式"，课题组进行新工科背景下大学生就业能力提升路径研究，但 A 阶段结束绝不意味着终点，而是下一个"PDCA 模式"的起点，它体现的是不断循环和持续改进。因为我们深知，在新工科背景下，对年轻的工科学生而言，学校学到的知识同企业所需的能力完全相符不是一蹴而就的，它离不开长期的、不断的、循环的教学、实践。持续的对新工科建设规律的研究，以新的理念、新的要求、新的途径加快工程教育改革，为中国梦的实现和未来复杂多变的世界提供智力支撑和人才保障。因此，这项课题将是一项我们持续改进的教育建设工作。

# 第8章　书院育人质量保障与评价机制建立

## 8.1　构建全链条书院育人质量保障机制和持续改进机制

### 8.1.1　书院的组织和制度建设

教育管理的制度设计必须始终以人为本。书院制建设必须遵循科学发展观并把学生置于核心地位，根据学生的实际情况，以注重人本管理的理念来进行指导。首先，学校的制度设计应该以学生为中心，从防御性管理转变为促进发展的管理，从要求服从转变为强调导向教育。学生工作的重点在于提高服务意识，了解学生所面临的问题、普遍关心的问题及迫切需要解决的问题。只有提高服务意识才能实现改革。其次，系统的设计必须反映学生的核心地位。只有明确规定学生的权利和义务，并将学生作为制度设计的主体，才能更好地体现学生的利益，并使制度设计更加合理化和人性化。

制度的制定需要体现合法性、民主性和有效性。高校在制定制度时，需要遵循法治原则，充分考虑高校实际情况，并充分吸收和体现师生意愿，以使政策更加民主科学、合理，并能够得到有效执行。许多国外知名大学都成立了通识教育委员会，该委员会由主管副校长、文理学院院长和院系负责人组成。设立这个专门的管理机构有助于解决执行过程中出现的问题，并能有效地分配、协调和利用学校的各种教育教学资源。此外，当面临紧急问题或与相关组织沟通不畅时，也可以通过联席会议的方式来解决。

在哈佛、耶鲁大学住宿学院，学生有机会成为宿舍行政主任助理，也可以担任管理文艺活动的角色，而勤工俭学的学生可以在教学管理中承担管理职责，并且还可以在其他部门担任顾问或者教师指导的职务。

确保学生能够参与书院管理治理很大程度上都依赖于制度保障，书院为了确保学生能够有效参与管理，可以制定切实可行的制度。书院制度应该注重激发学生个体的潜力和个体的发展完善。制度不仅规范学生行为，还能为学生提供价值导向和行为指引。要实施良好的书院制度，需要确保学生能够积极参与决策制定和实际管理工作。可以让学生加入文件起草团队，以确保规章制度或规范性章程与学生的切身利益相关。美国哈维穆德学院制定的一套由学生实施的诚信规章是一种学生创立和管理的生活方式。为了保障学生参与高校管理，需要通过修改和建立两种方式来实现制度保障。一方面，需要修改过去阻碍学生参与高校管理的相关条文；另一方面，还要建立一系列法律法规，以确保学生能够真正参与高校书院制管理模式，维护其权益。只有当制度得到充分保障，学生才能真正融入书院制的管理模式。

机构设置的合理性关键在于组织内部是否能够协调发挥最大效率，即各部门都需要在一个或几个共同目标的指导下，共同努力并做好协调分工，以达到各自部门职能的最大发挥。保证书院正常运行并发挥有效性的前提是确保书院的工作范围明确、定位清晰。在书院制学生管理模式下，学校可以通过规定职责来处理书院的各种外部关系，以实现对所有学生工作的集中管理，并明确职责，合理设置机构。学校管理机构的设立需要依据当前高等教育的发展规律和学校实际情况，确保职责、权利和义务三者相互协调一致，实现学校管理职责从"管理"向"服务"的转变。

书院的组织机构必须遵循以学生为中心的原则，以更好地促进学生培养为目标。为此，书院的所有工作都必须以学生为核心，引导和服务学生。学校可设立书院管理办公室，负责组织、管理和指导学校的书院事务。各书院将根据职责组建相应的职能机构，书院内可设立综合管理办公室，负责协调和安排书院的日常工作和运转。教学管理办公室承担着管理书院教育教学事务的职责，包括安排通识课程教师、设计课程内容及协调资源等。同时，它还充当着书院、学院和教务处之间沟通的桥梁。学生工作办公室负责学生的日常行为规范和管理，包括管理奖助学金、处理学生管理事务等。对书院导师进行日常管理，包括安排他们的工作、聘用和考核。书院的党政工作办公室有责任负责学生的思想政治教育工作，提供指导以促进书院党员的发展，并组织开展团员的活动，推进党团建设。

提高学生参与民主化程度，实行民主管理制度。书院应坚守"人本理念"，将学生工作作为书院制教育改革的中心，加强系统决策与政策管理的民主化，提升学生服务水平，以人性化的指导和管理方式进行。组织学生协会，让学生管理自己。选举推荐学生代表参与书院的学生管理工作，以确保学生管理决策更好地代表学生的利益。书院在管理的过程中，要求将教育和教学融合在一起，把素质拓展训练和专业知识学习融合在一起，将宏观管理和学生自治融合在一起，同时也将心理健康教育和人格完善融合在一起，以培养学生成为真正全面发展的人。

## 8.1.2　构建"三全育人"的质量保证体系

准确把握学生的成长规律，结合不同阶段学生的实际情况，构建良好的育人体系，为学生培养质量提供保障。大一新生面临着来自学习、生活、人际关系等各个方面的巨大变化，需要适应高中进大学的环境并进行学业、心理变化教育。因此，为了帮助新生适应高校生活并面对可能的困惑和挑战，书院应该采取有针对性的学业指导和心理教育措施，帮助他们意识到高中与大学之间的差异，并帮助他们适应新的学习和生活环境。书院可以帮助新生建立正确的心理预期，减轻适应期带来的心理压力，方法是引导他们积极主动地了解自己的情感和需求。书院可以安排学长学姐与新生分享经验，让他们从前辈的建议和经验中更好地理解和应对大学生活中的问题，同时同龄人的亲身经历也能减轻新生在适应期间的不安和焦虑感。专门的心理教育和支持，有助于新生适应大学环境，养成良好的心理习惯，为他们未来的学习和发展奠定坚实的基础。

大二的学生需要注重提升能力和进行价值观教育，他们已经适应了大学环境，但仍需加强学术能力和个人品格。书院可以开设课程来帮助学生了解自己的兴趣和优势，并确定学业目标和发展方向，引导他们更好地规划学习路径，提高学术能力和创新思维。同时书院有必要加强对大二学生的价值观教育，以帮助他们形成正确的人生观和价值观。人文社会科学课程的开设可以激发学生对道德伦理、社会价值观等问题的讨论，并引导他们深入思考自身的人生目标与社会角色。书院可以组织各种价值观引导讲座和讨论，以便学生能够了解和接触到多样的价值取向，并培养他们内心的包容精神。

大三和大四学生要明确职业目标，培养实际工作所需的技能和素质，同时提升职业发展和社会责任感教育。书院应该在此阶段开展有针对性的职业发展教育，以帮助大三学生更好地适应社会环境。书院能够促进学生就业准备，通过组织职业规划和就业指导课程，让学生了解不同行业的特点、就业趋势和就业机会。同时，高职院校还会通过模拟面试和求职信写作等实践活动来帮助学生提升求职技能，为顺利进入职场做好准备。书院应该引导学生认识到他们作为社会一员的责任和使命。学生可以通过参与社会实践活动和志愿服务来亲身体验社会问题，从而提高他们的参与意识。书院还可以与企业合作，进行实习和实训，以帮助学生更好地了解职业环境和实际工作需求。学生与企业互动时，他们能够积累实际经验，培养解决问题和团队合作的能力，为未来的职业发展奠定坚实基础。

# 8.2　建立书院培养过程评价机制

在推进书院制改革的过程中，应该专心致志地进行研究，并进行充分的互动交流。坚持以"深入探索书院制、学分制、导师制"三种制度融合为改革方向，在广泛的书院建设共识基础上，为完善书院建设指标打下基础。

在学校方面，对于书院建设应该进行顶层规划，根据培养人才的中长期目标及书院建设的发展方向，有针对性地开展面向大学生综合素质薄弱方面的第二课堂素质教育活动。从学院的角度改进机构制度。通过建立一套涵盖课程、活动、实践等方面的体系，来激发学生参与书院教育的积极性和主动性，从而提升他们的综合素质。借助书院的发展目标，选取关键指标作为长期观测单位，系统地分析书院建设的情况。

书院制是一种新型教育模式，它要求全员全过程全方位地培养学生，这就需要充分发挥专业学院与书院的育人功能，从书院建设的顶层设计开始，建立一套评估反馈机制。根据书院的主题特色和发展定位，我们将进行综合评价，从上至下和从下至上都将参与其中。评价将涵盖书院建设的各个环节，包括领导、教师、学生干部和学生群体。我们的目标是获取客观有效的反馈信息，以进一步完善书院的建设方案，提升书院的质量和内涵。

现代大学书院制的建设是对育人模式进行探索和改革的一种方法。必须符合高等教育发展规则和人员生产规则。其建设的指标也遵循两个规律，对形式指标和非形式指标进行有组织的整理。针对书院建设的关键部分，要在通识教育和专业教育相互融合、第一课堂和第二课堂结合，以及学科交叉和专业融合等方面抓住关键，并建立起系统化的长期观察体系。通过对评估和观测进行科学化与系统化的整合，创建一套全面的评价指标，是确立健全书院制建设指标体系的关键要素。

# 参考文献

［1］梁宏亮，艾美伶．书院制创新辅导员队伍建设：价值意蕴、角色使命与实践路径［J］．高教学刊，2023（09），162-165．

［2］刘正国．书院制模式下增强大学生思想政治教育实效性探究［J］．河南教育（高等教育），2023（02），19-20．

［3］梁宏亮，吴薇，张小小．新时代高校党建引领"双院"协同育人路径研究［J］．北京教育（德育），2023（01），30-34．

［4］梁宏亮．我国高校书院制发展的现状、挑战与对策［J］．高教论坛，2022（10），78-81．

［5］何毅．现代大学制度视域下的大学书院制研究［J］．现代教育管理，2018（06），2．